JN408853

정명희 수필집

오래 남을 감동

문학공원 수필선 41

정명희 수필집

오래 남을 감동

문학공원

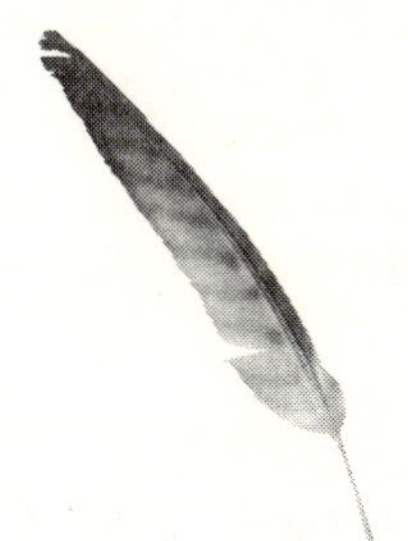

두 번째 수필집을 내며

사소한 일상 속에서 부디 치는 일들 속에 버리기 아까운 감동을 일기처럼 쓰고 또 시를 쓰다가 함축하기 어려울 때면 수필로 돌려썼는데 벌써 그 글들이 모여 두 번째 수필집을 내게 되었습니다.

수록된 이 수필을 쓸 때 곁에서 "이게 일기야 수필이야"하며 곁에 다가와 심심하다고 같이 놀아주기를 바라던 남편이 있다면 이 수필집을 가장 먼저 읽어 주는 애독자가 되었을 텐데 애독자 하나를 잃고 나오는 수필집이라 어딘지 허전한 느낌이 듭니다.

다만 이 글들 속에 하나님의 역사하심과 나 자신의 부족함을 통하여 읽으시는 분들에게 깊은 깨달음이 있기만을 소망합니다.

<서문>

진실이 탄탄한 글

김 순 진(문학평론가 · 고려대 평생교육원 시창작과정 교수)

정명희 목사님의 두 번째 수필집을 편집하고 교정하면서 많은 감명을 받았다.

세상에 가장 좋은 글은 진실이 탄탄한 글이다. 문학에 있어 진실이란 체험적 사실을 말하는데, 진실이 탄탄하면 아무런 미사여구가 필요치 않고 독자를 감동으로 이끈다.

정명희 목사님의 수필은 탄탄한 진실에다, 하나님의 말씀을 증거하는 힘, 사람을 사랑하고 진실로 이웃을 생각하는 사랑, 무슨 일이 생기면 내 탓으로 돌리는 회개심, 게다가 글을 이끌어가는 역동적 힘은 독자를 감동시키기에 충분했다.

이 책은 한 권의 간증집이라 할 수 있다. 흐르는 눈물을 주체할 수 없어서 엉엉 울기도 했고, 때로는 잠재한 영성이 되살아나와 나를 채찍질했다.

누구나 은퇴를 한다는 것과 늙는다는 것에 대하여 자유로울 수 없다. 그러나 때를 알기란 쉽지 않다. 정명희 목사님은 하나님의 뜻을 알고 때를 안다. 여자로 태어나, 그것도 오랜 불임을 겪으며 암투병 중 얻은 두 아이를 통해 집안이 번성하고, 교회가 번성해나갈 때의 그녀는 하나님과 동심일체였을 것 같다. 하나님 안에서 생성되고 번성하며 소멸되어 가는 한 인간의 자연스러운 퇴장에 머리를 숙인다.

차 례

1부. 행복

2부. 신앙

3부. 가족

차 례

4부. 자연

1부 행복

넉넉한 행복이 있기까지

형제가 없이 자란 나는 종가 집 십남매의 맏 며느리가 어떤 위치인지도 모르고 형제가 많은 집이라는 조건이 좋아서 중매하는 사람의 말만 듣고 결혼했다. 그러나 결혼한 지 십 년이 넘도록 아기를 낳지 못하여 많은 스트레스를 겪어야했고 내 몸 돌볼 여유 없는 삶을 살던 어느 날 왼쪽 유두에서 불그레한 분비물이 나와 하얀 메리야스에 묻었다.

칠거지악에 걸려 허덕이는 삶을 사는 여자라 몸져눕지 않을 만큼 아픈 것은 으레 참고 살아야 하는 것으로 알았었기에 그런 상태로 몇 년을 살았는데, 언제부턴가 양쪽 유방에 작은 밤톨만한 망울들이 만져지더니 가슴이 커지고 가끔 바늘로 찌르는 것 같은 통증이 오는가 하면 온 몸이 피로에 싸여 몸살이 잦아졌다.

서른아홉 살의 첫아이도 낳지 못한 여자가 야위어가는 모습이 안쓰러운지 남편이 병원에 가기를 권유했고 난 유방이 커지니 '혹시 임신인가?'하는 호기심으로 신촌세브란스병원 산부인과를 찾았다. 그러나 진찰 결과는 '발육부진의 상태로 이미 태문이 닫혀 임신 불가능한 유방암 환자'로 판명되어 "생리가 끊어진지 사년이 넘었는데도 임신을 기대하며 유방암을 키웠으니 아직도 이렇게 무식한 여자가 있느냐?"는 의사의 핀잔만 받았다.

정신이 아찔했다. 아이를 갖지 못하는 여자가 되었다는 것만도 엄청난 쇼크인데 유방암환자라니…….

산부인과 의사의 말대로 외과에 가서 진찰을 받았더니 암이 발생한지 칠년이 넘어서 임파선 절단은 물론 장기에 전의가 되었으면 소생불가능이라는 것이었다. 인정하기 싫어서 다음날 서울대병원으로 강남성모병원으로 이동하며 진찰을 받았으나 모두 '유종양'이라는 진단결과라 할 수 없이 처음 진찰받은 신촌세브란스병원에서 양쪽 유방과 왼편 임파선 절단 수술을 8시간에 걸쳐 받았다.

그러나 수술보다 수술 후의 항암제 치료가 더 무서웠다. 병원에서는 3년 동안 항암제 투여 받고 방사선치료까지 해야 한다고 하는데 유난히 항암제 부작용이 심한 나는 3개월 동안 항암제를 쓰자 머리카락이 하나도 없이 다 빠지고 몸무게도 4kg이나 줄었다. 그뿐 아니라 암세포를 죽이겠다고 쓴 항암제 부작용으로 생세포가 죽어 온몸에 검버섯 비슷한 것이 생기고 주사 한번 맞고 나면 3일 동안은 물도 먹을 수 없이 다 토하고 어지러워 견딜 수가 없었다.

그 와중에서도 내 가슴 한 구석에 종갓집 맏며느리의 소임을 다 하려면 자식을 낳아야 하는데 이 중요한 시기에 항암제를 계속 투여

할 수가 없다는 생각이 들어 항암제 투여를 포기했다.

항암제를 끊고 난 3개월 후, 수술 전처럼 몸살 비슷한 증상으로 계속 누워있게 되고 삶의 의욕이 없었다. 남편은 항암제를 투여해도 살기 힘들겠고, 항암제를 끊었으니 이제 암이 재발되었나 싶었는지 아픈 사람을 데리고 안 가던 여행도 가고 백화점에서 비싼 옷도 사주며 애잔한 눈빛을 보이기도 했다. 그러나 나는 내가 믿는 전능하신 신의 약속을 믿고 있었기 때문에 암 재발의 불안과 죽음에 대한 공포는 없는데 계속 누워 있고만 싶었다.

여행을 다녀온 후 항암제를 맞지 않았는데도 속이 매스껍고 아무래도 몸에 색다른 이상이 생긴 것 같아 혹시나 하는 실오라기 같은 희망을 가지고 가까운 산부인과를 갔는데 '임신'이라는 진단을 받았다. 설마, 결혼한 후 13년이 지나도록 임신하지 못했던 여자가 양쪽 유방을 다 절단하고 항암제까지 써서 머리카락이 이제 겨우 이끼처럼 솟아나기 시작했는데 무슨 임신이냐며 다시 진찰해보라고 했더니 재검사를 해봐도 확실하다면서 "저희 병원에서는 어쩌라고 말 할 수가 없네요. 수술하신 병원에 가셔서 그 병원 산부인과와 약 쓰시던 내과와 상의해서 결정하세요."라고 했다.

2층인 병원으로 올라갈 때는 무심코 올라갔던 계단이 내려오는 데는 얼마나 조심스럽던지 흐르는 눈물로 계단이 미끄러울까봐 한발 한발 조심스럽게 내려와 돌아왔다. 그리고 다음날 또 세브란스병원 산부인과를 찾았으나 지난번 기록카드를 본 의사가 항암제 부작용으로 대머리가 된 나를 쳐다보며 "내과로 가야지 왜 산부인과를 왔어요? 유방암은 수술했구먼, 이번엔 자궁암 검사하려 오셨나요?"했다.

"동네 병원에서 임신이라는 진단받고 왔는데요."라고 말했으나 의사는 내 말을 듣고서도 기록 카드만 바라보며 "당신은 이미 태문이 닫혔다고 했지요? 발육부전에 이미 태문이 닫힌 지 4년이나 지난 여자가 무슨 임신?"라고 하며 의아한 듯 바라보았다.

화가 난 내가 목소리를 높여 "저 돌팔이 의사에게 진찰 받고 온 것 아니에요. 진찰은 해 보셔야죠."하자 마지못해 진찰을 해본 의사가 "이 여자가 하도 아이를 갖고 싶어 하니 상상임신이라도 했나?"하며 고개를 갸웃거리더니 초음파검사를 하자고 했다. 그때만 해도 초음파가 많이 보급되지 않았을 때라 상당히 많은 돈을 주고 초음파검사를 했는데 내 눈 앞에 아기의 심장 뛰는 모습이 보이자 와락 눈물이 쏟아졌다.

그제 서야 의사가 "아, 참 기적이 일어났네요. 정상적으로 아이를 잘 낳는 여자라도 이런 건강상태로는 불가능할 텐데 이건 사람의 힘으로는 불가능한 일입니다."라는 말을 반복하면서 그래도 자기로서는 아기를 낳으라고 말할 수 없으니 약 쓰던 내과 김병주 박사님[1]과 상의해서 결정하라고 내과로 보냈다.

내과에서는 이미 산부인과의 전화를 받았는지 만나자마자 암의 위

---

1) 김병주 박사 : 그 당시 우리나라에서 최초로 하버드대학교 의대를 졸업하신 분이다.

험성을 이야기하면서 아이를 포기해야 한다고 했다. 그러나 난 포기할 수 없다고 고집했다. 나를 더 이상 설득할 수 없다고 판단했는지 남편에게까지 설득했으나 남편도 내 의지를 꺾을 수 없었다.

"정 시도해보겠다면 항암제 치료를 받듯이 한 달에 두 번씩 진찰을 받으며 한번 시도해봅시다."라는 의사의 말을 뒤로 하고 돌아온 후 난 다시 세브란스에 가지 않았다.

그리고 다음 해 4월 예쁜 딸아이를 낳았고 그 딸아이 첫돌이 지난 일주일 후에 또 아들을 낳았다. 그 후 자녀의 즐거운 어미가 되어 살았으나 물질적인 고통이 극심했다. 남편은 당뇨가 심해서 일 할 수 없었고, 나 또한 쌍둥이 같은 연년생 두 아이를 데리고 아무것도 할 수가 없었다. 의료보험이 많이 보급되지 못했던 시절이라 유방암 수술비며 두 아이를 모두 제왕절개로 출산한 병원비 등으로 많은 돈이 나갔고 이상하게 물질이 모두 흩어져서 살 방도 마련할 수 없어 친정으로 갔다가 고향 교회에서 만난 목사님께서 신학교에 입학시켜 신학공부를 시작한지 1년 만에 군산에 개척하러 가시는 목사님의 권유로 개척교회 전도사가 되어 군산으로 오게 되었다. 군산에 와서부터 두 살, 세 살인 아이들을 어린이집 종일반에 맡기고 정신없이 바쁘게 살아서 인지 "암"에 대한 두려움 같은 것을 느낄 여유조차 없이 뛰며 살았다.

그리고 사년 전, 가을에 접어든 9월 하순 샤워를 하다가 유방도 없는 가슴에 뭔가 콩알만 한 것이 생긴 것을 감지되어 검사를 했는데 그 결과 암으로 판명되었고 또다시 수술을 받았다.

유방암 수술한지 23년이라는 세월이 지났는데 '재발'이라고도 할 수 없고 그렇다고 재발이 아니라고도 말 할 수 없는 애매한 상태라는 의사의 말을 들으며, 과거와 달리 부분마취로 수술을 집도하는 분들과 이야기하며 기분 좋게 제거했는데 막상 수술 후에 방사선치료를 60번이나 해야 한다고 했다. 그러나 불편한 몸으로 군산에서 전주까지 매일 두 달을 다니기도 어렵고 무엇보다 시간이 허락지 않았다. 어느 부위에 어떤 문제가 있는지 정확히 알기 위하여 PET CT. 촬영을 했는데 수술한 가슴 부위와 오른쪽 임파선에 좋지 않은 것이 보인다고 해서 다시 수술하기로 결정하고 수술에 임했다. 그러나 이번엔 지난번과 달리 혈압이 떨어지고 정신이 혼미하여 수술을 집도하시는 분들이 긴장한 목소리로 말을 시켰으나, 내 체력도 한계에 달했는지 임파선을 수술할 때는 아픔에 사지가 꿈틀거리고 정신이 흐려졌다.

그 고통의 시간이 지난 열흘 후, 서울에서 딸이 결혼식을 올렸고 또 신혼여행을 하와이로 가겠다던 신혼부부가 뜻밖에 양가 부모님들의 비행기 티켓을 모두 구입하여 자식들 신혼여행에 동참한 주책없는 부모가 되었는데, 막상 하와이에 도착해서는 양가 부모만 와이키키 해변 가에다 두고 자신들은 그야말로 신혼여행을 다른 섬으로 가버렸다. 남겨진 우리는 영어권에서 십 년 이상 선교활동을 하신 두 분 덕택에 자동차를 렌트하여 하와이 본섬 구석구석을 도시락 싸들고 다니며 구경할 수 있었고 '사돈지간'이라는 어려움이 사라진 친밀한 가족이 될 수 있었다.

그 이후 몇 차례 검사를 받았으나 내 건강에 특별한 이상은 없고 매달 보건소에서 전해주는 비타민을 잘 복용한 덕인지 하루하루 붉은 불 없는 삶을 살고 있다.

내 주위에 가끔 '유방암'진단을 받고 죽음의 공포를 느끼며 불안해하는 사람을 만나면 난 내 어려웠던 과거를 간증하며 '암'이나 '종기'나 다를 것이 없다고 말한다. 암이나 종기나 다 같이 수술해버리면 되는 것이지 암이라고 뭐 특별대우(?)를 할 필요가 있는가? 다시 생기면 또 제거하면 되는 것을 거기에 두려움을 느껴 미리 겁내고 불안해하면 오히려 건강을 해치는 결과를 낳을 것이기 때문이다. 적당히 무시해버리고 내 앞에 닥쳐오는 현실에 충실하며 살면 된다고 생각하기 때문이다.

그 많은 수술을 거치고도 난 손녀들의 재롱에 흠뻑 취해 사는 할머니가 되었다. 그리고 이 해가 가기 전에 또 손자와 외손녀를 보게 되었다.

언제 내가 자식 낳지 못하여 시집에서 쫓겨난 석녀였던가? 외국에 살다가 자기도 어미가 되겠다고 내 그늘에 파고든 딸이 자랑스럽게 부른 배를 내밀고 뒤뚱거리는 모습이 사랑스럽고, 또 어린 나이에 딸을 둘이나 낳았으면서도 제 몸 생각지 않고 아들을 낳아 주겠다고 셋째를 임신하여 불러오는 며느리의 배를 보면 내 가슴도 뿌듯하게 불러오고 가슴 깊은 곳에서 감사가 솟는다.

이 모든 행복이 따뜻하게 배려해 주는 손길들의 은혜로 가능했음을 알기에 나의 남은 생이 얼마 일지 알지 못하지만 덤으로 사는 삶인 것 같은 감이 들어 더욱 감사하며 배려하며 살고 싶다.

- 군산시 주최 '암을 이긴 사람 수기 공모' 대상 글-

지나침과 모자람

무엇이든 지나친 것은 모자람만 못하다는 생각이 든다. 모자란 것은 채우기 위하여 힘쓰고 애써 노력하는데, 지나친 것에서 빼는 것은 이걸 뺄까 저걸 빼야 할까 망설이게 되고 회의하여 더 어렵다는 이야기다. 더군다나 자기가 하는 일이 옳다고 생각하는 사람의 생각이나 행위가 남이 볼 때는 지나치다는 생각이 들 수도 있는데 이런 일들을 권고 했을 때 고치기란 정말 어려운 것이다.

지금으로부터 사십 년 전 이야기다.

우리 마을에 갓 시집온 새댁이 있었다. 신혼 방에 초대를 받고 갔는데 그날따라 날씨가 유난히 추워서 그 댁 방에 들어가자 아랫목에 있는 이불속에 손을 넣었다가 손톱 위 손가락 몇 개가 벗겨져버렸다. 방을 청소하고 밥상을 접어놓은 위에다 이불 놓은 것을 모르고 손을 넣었기 때문이었다. 갓 시집온 새색시가 신혼 방을 깨끗이 청소하고 사는 것이야 당연하지만 추운 날 아랫목에 있는 이불을 밥상 위에다 올려놓았으리라고는 상상 밖이었다. 그 후로도 그녀는 매사에 지나친 결벽증상을 보였다. 놀러오라고 해서 가면 손님이 불안할 정도로 티끌 하나 용납하지 않았고 물이라도 한번 마시면 물 마신 사람 앞에서 그 컵을 반듯이 씻어놓곤 해서 조심스러웠다. 적당히 하라고 권해 보았으나 내가 그처럼 깔끔하지 못하니까 하는 소리 같아서 접었었다.

그 후 수십 년이 흘러서 들은 소식에 의하면 그는 한 평생 목욕탕에서 남의 몸의 때를 밀어주며 돈을 번다고 했다. 지나칠 정도로 깨끗하게 하는 사람이라 남의 몸도 깨끗하게 해주며 살고 있는 것 같다.

서울에서 부흥회를 할 때 어떤 집사님이 상담을 하고 싶다고 찾아왔다. 그 집사님은 학교 선생님으로 매우 깔끔해서 학교에서나 가정에서나 완벽한 삶을 추구하며 살았는데 자녀들이 자라나면서 문제가 심각해 졌단다.

학교에서 돌아오면 무슨 일이 있어도 청소부터 해야 다른 일이 손에 잡히는 성격이라 자녀들이 집을 어지럽혀 놓으면 피곤한 몸으로 청소하기가 힘들어 짜증을 냈고 남편이 도와주지 않는다고 화를 냈으며, 그 생활이 계속되다 보니 남편도 가정에서 편안함을 느끼지 못해 밖으로 돌았다. 자녀들 역시 어렸을 때는 엄마가 무서워서 자기들 방에 조용히 있었으나 중학생이 되자 친구들 핑계, 도서관 핑계를 대며 집에 들어오는 시간이 늦어지고 집에 들어와도 엄마와 대화가 끊어진 상태라는 것이다. 거기다가 요즘은 중학교 1학년짜리 딸아이가 가출까지 해서 어떻게 하면 좋겠느냐는 것이었다.

어떤 말로 그에게 해결법을 제시할 수 있겠는가? 오래도록 본인이 만들어온 가정상황을 그 누구도 한방에 해결시킬 수는 없을 것이다. 나는 다만 그에게 지금부터라도 가정의 주인이 하나님이신 것을 시인하고 자녀들도 하나님께서 나에게 잠시 맡겨주신 소중한 하나님의 자녀들임을 알아야 한다고 했다. 그리고 육신의 청소를 깨끗하게 하는 것도 중요하지만 지금부터라도 자녀들의 상처를 어루만져주고 남편과 자녀들에게 어머니와 아내가 포근하다는 것을 느낄 수 있도록 될 수 있으면 많은 스킨십으로 다가가기를 권했다. 남편이 가정에 들어왔을 때 아내가 따뜻한 밥상 들고 오는 가정이야 기대하기 어려운 맞벌이 세상이지만 조금쯤 집안이 깨끗하지 못하더라도 아내의 웃음과 따뜻함이 있다면 같이 치울 수 있지 않겠는가? 아이들 역시 엄마의 깔끔한 성격을 알 텐데 엄마가 어지러 놔도 야단치지 않고 웃는 얼굴로

"치울 시간이 없었구나, 공부하느라 힘들지? 괜찮아 천천히 치우자"라고 따뜻하게 얘기한다면 엄마의 달라진 모습을 보고 자녀들도 달라지지 않겠는가?

문제는 자신에게 있다는 것을, 자신이 변하지 않고 남편이나 자녀들의 변화를 기대할 수 없다는 것을, 그 집사님에게 말해주자 그는 커다란 눈 가득히 눈물이 고였었다.

이런 시행착오가 비단 깔끔함에서만 오는 것은 아니다.

나는 부활절 새벽예배를 사모한다. 내가 처음 주님을 영접했던 그 다음해 부활절 새벽, 새로 지은 얇은 실크 투피스를 입고 학교 운동장에서 하는 연엽예배에 참석했었다. 그날따라 날씨가 쌀쌀하여 추위에 떨고 있는 나에게 태양보다 더 밝은 빛이 내려왔고 그 이후 내 가슴은 뜨거워졌으며 응어리진 아픔이 녹아내렸다.

그 이후부터 나에게 부활절 새벽예배는 특별한 의미가 부여되었다. 금년에도 바겐세일을 하는 가게에서 옷을 한 벌 샀는데 부활절 새벽예배에 입으려고 준비해 두고, 토요일 밤에 설레는 마음으로 잠을 설치다가 3시가 넘은 무렵 눈이 피곤하여 잠시만 눈 감아 피로를 풀겠다고 누운 것이 눈 떠보니 7시였다. 차라리 영영 눈이 떠지지 않았으면 이런 실망감이 없을 것을, 하는 마음으로 자책에 빠져 있는데 내 가슴 한 구석에서 "너 별거 없는 존재야, 성도들이 부활절 새벽에 나오지 못하는 것을 넌 마음으로 정죄했지 않았었니? 지금까지 네가 믿음 좋아서 부활절새벽기도 잘 한줄 알았지? 다 내가 너를 일깨웠단다."라고 하시는 것 같았다. 그랬었다, 난 주님을 믿는 신자라면 최소한 부활절 새벽만은 아무리 바쁘고 힘들어도 깨어야 한다고 생각했었다. 그리고 그렇게 설교도 했다. 이런 나의 잘못을 깨우쳐 주시기 위하여 깊이 잠들게 하셨던 것 같은 생각으로 위로를 받았다.

이것도 나의 작은 편리주의인지 모르겠다. 자기 마음 편하자고 스스로 만든 위안 속에 빠지는, 삶속에 이런 위험이 참으로 많이 도사리고 있을 것 같은 생각이 들기도 하지만 내 기준으로, 내 잣대로 성도들을 재고 정죄하는 지나친 판단력은 버려야할 것 중 하나다. 전도서 7장16절에 보면 "지나치게 의인이 되지 말며 지나치게 지혜자도 되지 말라 어찌하여 스스로 패망케 하겠느냐"라는 말씀이 있다. 그렇다. 아무리 의인이라도 지나친 의인은 자기의 지나친 의 때문에 다른 사람을 정죄하여 죄가 될 수 있기 때문이리라,

곡식은 한번 쭉정이가 되면 영원한 쭉정이지만 사람 쭉정이는 언제 알곡 될지 모르지 않는가?

조금쯤 모자란 사람이 되자. 누구든 내 모자란 그릇을 채워주고 싶도록…….

상처 많은 풀과 상처 많은 사람

재래시장을 기웃거리다가 구부러지고 못생긴 가지를 보았다. 가지는 겉이 매끄럽고 윤기가 흐르는 것이 정상이건만 태풍에 시달려 껍질이 벗겨지고 몇 번이나 서리를 맞았는지 퇴색된 모습이 가지 같지 않아 물끄러미 바라보고 있는데, 흰머리에 듬성듬성한 치아를 보이는 할머니가 “이것이 금년 마지막 가지요. 이래봬도 요새가지가 맛 있다우,”하며 쳐다보았다.

“한 바구니에 얼마인데요?”

“이천 원인데 세 바구니에 오천 원만 주구려, 이것 다 사려면 만원만주고, 손자 녀석이 학교에서 올 때가 됐는데…….” 하시는 할머니 얼굴에서 하루 장사를 빨리 마무리하고자 하는 마음이 보여 제법 수북한 가지를 단돈 만원에 덥석 떨이를 했다.

그리고 “할머니 손자 과자 사다 주세요.”하며 돈 이천 원을 더 드리자 “아이고 이런 양반도 있네, 호박 한개 남았는데 가져가슈.”하며 다 팔고 하나 남았다는 애호박을 주셨다.

할머니께서 넣어주시는 쌀포대에 가지를 가득 채워 트렁크에 싣고 돌아오는 길에 난 작은 행복을 느꼈다. 천 원에 두 개 정도의 가격으로 사먹던 가지를 만 원으로 백 개 이상 산 셈이니 뭔가 횡재한 것 같은 뿌듯함을 않고 돌아와 커다란 솥에 불을 붙여놓고 가지를 꺼내 다듬고 쪼개는데 금년 가을엔 유난히 거센 태풍이 많아 이리저리 부딪치며 난 상처들을 치유하느라 보랏빛 아름다운 윤기는 사라지고 거친 딱지가 생겨 군데군데 굳어져 있었다.

'이 가지가 더 맛있다'고 하시던 할머니의 말씀을 생각하며 평소보다 좀 더 뜸을 들여 가지를 쪄내고 양념장에 무쳤는데 정말 색다른 맛이 있었다.

"아니, 무슨 가지나물이 이렇게 맛있어? '뚝배기보다 장맛'이라더니 다듬을 때 보던 것과 다르네." 남편 역시 다른 반찬 제치고 가지나물에 밥을 맛있게 먹었다. 그리고 우린 열흘이 지난 지금도 소중하게 냉장고에 보관해둔 가지 덕택에 반찬 걱정이 없다.

'상처 많은 풀이 향기롭다'고 한다. 이 '가지' 역시 고통 속에서 많은 진액을 내었기에 더 단단해지고 맛이 좋아졌다. 그뿐 아니라 모진 태풍과 무서리 속에서 인내력을 길렀음인지 빨리 부패하지도 않는다.

그런데 왜 사람은 그렇게 되기 어려울까? 문제 아이의 뒤에는 문제 가정이 있다. 그리고 그 문제 아이가 성장하여 어른이 되면 또 문제를 야기시키는 사람이 되기 쉽다. 가끔은 혹독한 어려움과 상처들을 잘 인내하고 승화시켜 좋은 사람으로 멋지게 살아가는 사람을 만나기도 하는데 이런 사람이야 말로 진정한 인간 승리자라는 생각이 든다.

미국의 유명한 토크쇼 진행자인 '오프라 윈프리'라는 여자는 사생아로 태어나서 어린 나이에 강간을 당하고 가난의 아픔, 집 없는 서러움, 배고픔, 혼혈아라는 멸시 등으로 고통 하다가 결국은 가족에게까지 버림을 당했다는데, 그가 이렇게 바른 삶을 살 수 있었던 내면에 자신을 갈고 닦기 위하여 얼마나 많은 자신과의 싸움과 노력이 있었을까? 그가 대중 앞에서 꾸밈없이 자신의 부끄러운 과거를 오픈하며 고난당한 사람들의 친구가 되어주는 모습을 보면서, 한 사람이 좌절하지 않고 그 모든 아픔을 하나님의 말씀과 기도로 이겨낸 결과 아픔을 겪는 사람들의 좋은 위로 자가 되었다는데 진정한 찬사를 보내고 싶었다.

그러나 이런 인간 승리자가 있는 반면 대개의 상처 많은 사람은 정상적인 사람의 사고로는 별 일이 아닌 생활 주변에서 일어나는 작은 일들이 엄청난 문제가 된다.

몇 사람이 똑 같이 겪은 일인데도 다른 사람은 대수롭지 않게 넘기는 일을 사생결단 할 일처럼 억울하다며 주위를 혼란하게 하는 사람의 배후를 살펴보면 거의가 상처를 많이 받은 사람임을 알 수 있다. 이런 상처들은 세월이 흘러도 잘 지워지지 않는지 나이가 지긋한 사람들에게서도 나타나는데, 걸음마를 배우는 아기가 넘어져서 울면

얼른 일으켜주고 달래주지만 커다란 아이가 넘어져서 일어나지 않고 울고만 있다면 매를 더 자초하는 일이 될 텐데도 자기의 아픔을 달래주지 않는다고 투정부리며 시위하는 것이 마치 어린아이가 관심을 끌기 위하여 미운 짓을 하면서 사랑 받으려 하는 것과 같게 느껴진다.

식물은 상처를 입으면 스스로 상처를 치유할 진액을 내어 그 상처를 감싸는데, 사람은 입은 상처가 크면 클수록 더 큰 고통의 수렁에 빠져 일평생을 헤매게 되고, 주위 사람들에게까지 상처를 내기 쉬우니 안타깝다.

상처 많은 풀은 향기를 내지만 상처 많은 사람은 가시가 많다. 어떻게 하면 주위 사람들에게 상처를 주지 않고 살 수 있을까? 나에게 상처 받아 가시가 돋은 사람은 얼마나 될까? 생각이 깊어진다.

행복과 행운

어느 가정에 심방을 갔다. 아파트 문 앞에 이르렀을 때, 집안에서 다투는 소리가 들렸다. 벨을 누르기도 민망하고 그렇다고 그냥 돌아갈 수도 없다. 한동안 망설이다가 어려운 가정이니 다툼도 잦겠구나 싶은 생각에 위로 해줄 마음으로 벨을 눌렀다. 그런데 뜻밖에 싸움의 근원은 물질적인 어려움이나 감정의 유발이 아닌 엉뚱한 곳에 있음을 알았을 때 실소를 금할 수 없었다.

직장생활을 제대로 하지 못하여 근무하는 날보다 쉬는 날이 더 많은 남편이 매주 복권을 사서 그 복권 맞추어보는 재미로 일주일을 사는데 그 복권 값만 모았어도 사글세를 면했을 것이라며 제발 복권을 그만 사라는 아내의 말 때문에 싸움이 벌어졌단다. 많은 사람들이 좋은 꿈을 꾸었다고 생각되거나 기분이 좋을 때 복권을 산다는 말을 들었다. 그런데 이분은 매주 두 세장씩 사서 토요일을 기다리는 재미로 산다니 매주 속고 또 속는 생활의 반복임을 왜 깨닫지 못할까?

예배하는 동안 하나님말씀으로 권면하고 돌아온 그 주에도 토요일이면 휴지통으로 들어갈 복권은 여전히 그의 지갑 속에 소중히 자리하고 있었단다.

요즘 한탕주의가 만연하여 재테크니 뭐니 해서 잘 된 사람들의 예가 판을 치자 열심히 일하여 꾸준히 저축하는 사람들이 오히려 모자라 보이는 세상이 되었다. 그러나 실제는 재테크나 주식 등으로 성공한 사람보다 패망한 사람이 더 많고 요행을 바라기보다 노력하며 절약하는 사람에게 더 큰 소망이 있는데 하나님을 믿는 사람들마저 이런 요행을 바라고 있음이 안타깝다.

얼마 전에 손녀들을 데리고 금강하구 둑에 갔다. 아이들이 자전거를 타고 노는 동안 벤치에 앉아 그들을 지켜보는데 곁에 있던 아가씨들이 네잎클로버를 찾겠다고 예쁘게 자란 크로버들을 짓밟고 있었다.

"아가씨, 네잎클로버 찾아서 뭐하려고?"하고 묻자 "네잎클로버가 행운이잖아요, 행운을 찾아야죠,"하더니 긴 머리를 쓸어올리며 "많이 찾으면 아주머니도 하나 드릴게요."라고 했다.

늙은이를 '할머니'라고 하지 않고 '아주머니'라고 배려해주는 마음도 곱고, 주겠다는 마음도 고마웠으나 겨우내 추위를 이겨내고 이제 막 파릇파릇하게 돋아난 크로버를 짓밟는 모습이 안타까워서 "네잎클로버가 행운이라면 세 잎 클로버는 행복이래요. 행운을 찾겠다고 행복을 짓밟고 있다고 생각해봐요."라고 하면서 내심 어떤 반응이 나올까? 괜히 무안하게 했나? 하는 생각을 하고 있는데, 그 긴 머리 아가씨가 "아, 그래요? 몰랐어요. 정말 행운을 찾으려다가 행복을 짓밟

아버렸네요."하며 상냥하게 고개를 숙였다.

그리고 이어 "애들아 클로버 밟지 말고 나가자"하는 것이 아닌가? 요즘 젊은이들이 얼마나 영리한데 몰랐을 리 없건만 늙은이의 말을 무시하지 않고 겸허하게 받아들이는 아가씨가 하도 예뻐서 어디서 왔느냐고 물었더니 곁에 있는 아가씨가 "OO교회 청년부예요. 이 언니는 목사님 딸이고요."하며 긴 머리 아가씨를 가리켰다.

"역시, OO목사님 따님이시구먼. 훌륭하신 목사님이시니 따님 교육도 잘 시키셨고 성도들도 잘 양육하셨지." 그 일을 계기로 한동안 청년들과 행운과 행복에 대한 대화를 나누었다. 그리고 난 평소에 인사 정도만 하고 지내던 아가씨 아버님 되신 목사님과도 좀 더 친하게 되어 그날의 만남도 나의 작은 행복이 되었다.

행운을 잡으면 행복할 것 같아도 거액의 복권에 당첨된 사람들이 행복하게 잘 살지 못하는 것처럼 오히려 더 불행하게 되는 경우가 많다. 그러나 행복하면 행운은 따라온다. 마치 행운의 네잎클로버를 찾겠다고 행복의 세 잎 클로버를 짓밟아버리면 그 속에 감추어진 네잎클로버가 죽어버리지만 행복의 상징인 세 잎 클로버를 잘 가꾸면 그 속에서 네잎클로버가 자생하여 펄럭일 것이다.

행운을 잡기 위하여 행복을 소홀히 여기거나 행운과 행복 사이에서 서성이지 말고 하루 한 시를 행복하게 가꾸는 지혜로운 삶으로 행운을 이끌어 들이는 복된 삶을 사는 사람들이 많아지기를 기도해야겠다.

가장 좋은 선물

서재에 앉아 책을 읽고 있는데 누군가 문을 세차게 두드렸다. 아이들은 모두 쇼핑을 나가고 모처럼 조용한 시간을 방해 받기 싫어서 그냥 앉아 있자니 문 두드리는 소리의 강도가 높아지고 "우편물이요"하는 소리가 들려 문을 열었다. 순간 빨간 우체국가방을 맨 집배원의 옛 모습은 아니어도, 그의 손이 내민 책은 십여 년 가까이 종무소식이던 고향 친구가 보낸 자필의 책이었다.

우편물을 받는 순간 친구의 이름과 꼼꼼하게 포장하여 야무지게 테이프로 붙인 솜씨를 보자 그 친구의 치밀함이 떠올라 입가에 빙그레 웃음이 번진다. 반가운 마음에 빨리 뜯어보고 싶은데 하도 테이프를 많이 감아서 성질 급한 내 성격에 가위를 가져다가 싹둑싹둑 잘라내고 책을 펴니 "고희기념 수필집", "고희 기념 시집" 또 한 권은 학자답게 "고희기념 한(漢)시집"을 내서 보내왔다.

"아~, 우리가 벌써 고희구나, 마음은 아직 고향언덕을 미끄럼 타는데 벌써 칠순이라니……." 새삼스럽게 70년을 살았다는 생각이 들자 그 많은 시간동안 무엇을 하며 살았는지 생각이 멍해져서 책상 앞에 망연히 앉아 푸르름 짙게 물든 앞산만 바라보다가 읽던 책을 제쳐놓고 친구의 시집부터 읽어가니 고향이 다가온다.

그의 시에 있는 고향이 내 고향이고, 그의 추억이 내 추억인 친구, 그의 시에 40년 만에 만났는데 할머니가 되어 있었다는 여자 친구도 내 친구고 사춘기에 입을 맞추었다는 친구도 내 친구다.

그와 나는 두메산골 작은 마을에서 같이 자랐다. 청소년 시기에 날마다 같이 놀았다. 첫 사랑인 듯, 아닌 듯, 한권의 노트에 번갈아가며 일기를 쓰기까지 할 정도로 흉허물이 없었다. 그러나 그가 대학에 진학하고 난 산골에 남아 떠나간 친구들이 돌아오는 방학만 기다리며 편지를 주고받았다. 그러다 그는 군 생활을 마치고 어느 학교의 교사로 발령을 받았고 난 직장생활을 하다가 결혼하여 전혀 다른 삶을 살아왔다. 그는 꾸준히 공부하여 학자로 외골수의 삶을 살아 박사 학위만도 몇 개를 가진 한국어 학자며 유명대학의 교수다.

그러나 나는 자식 낳지 못하는 십남매의 맏며느리로 파란 만장한 삶을 살았고 사십이 넘어서야 자식을 낳았으며 학위는 석사학위와 명예박사학위만 있을 뿐이다. 내가 머리 싸매고 공부한 신학박사 학위를 미국에 가서 받아야 하는데 그 당시 개척교회 목사 시절이라 물질적인 어려움으로 국내에서 받은 석사학위로 만족하고 공부했다는 자부심만 갖기로 하고 결국 주님 손에 이끌려 목자의 삶을 살고 있다. 그런데도 이렇게 반세기를 훌쩍 넘어 쓴 그의 시집 한 권으로 금방 동질감을 느끼는 것은 유년시절에 같은 추억을 공유했기 때문이리라.

십여 년 전까지 그와 나는 가끔 전화도 하고 e-메일로 소식도 전했었다. 그런데 갑자기 전화번호가 바뀌고 e-메일도 끊겼다. 워낙 자주 연락하진 않았으니까 그럴 수도 있을 텐데 그가 강의하는 대학의 평생교육원에 한 학기 동안 시 공부를 하려 다닐 때는 아쉽기도 했으며, 고향 친구들을 만날 때 그와 유난히 친했던 내게 그의 소식을 물어오는 친구가 있을 때는 모른다고 하기도 좀 민망하곤 했다. 오늘 이렇게 그의 저서를 받으니 참으로 반갑고 기쁘다.

친구가 쓴 시를 단숨에 다 읽었다. 그의 시는 순수하고 아름답다. 언어학자인 그의 글에는 지나친 꾸밈새나 언어유희가 없다. 그러기에 꾸밈없이 다가와 그와 다르게 살아온 반세기의 공간이 삽시간에 사라진다. 그 친구가 이렇게 시인이 될 줄은 정말 몰랐다. 지난 날 그는 감성적인 사람이 아니었다. 내가 소설이나 시집을 읽을 때 그는 학문을 했고 내가 시를 쓴다고 긁적거릴 때면 그는 머리를 싸매고 역사책을 읽었다. 그러던 친구가 우리말을 계속연구 하더니 시인이 되어 이렇게 순수하고 맑은 시를 써서 시집들을 출판하고 있다.

반가운 마음에 그의 책에 수록된 e-메일 주소로 글을 보냈고 그에게서도 회신이 왔다. 뭔가 소중한 것을 잃었다가 찾은 것 같은 반가움으로 가슴이 뿌듯하다. 이제 살면 얼마나 더 살겠으며 이렇게 유년시절의 친구들과 얼마나 연락하며 살 수 있겠는가? 다른 친구들도 모두 찾고 싶다. 벌써 세상을 떠나버린 친구도 있고 소식을 전혀 알 수 없는 친구도 있다는 것이 안타깝다. 그러나 어찌 다 갖추어지랴, 나이 칠십이 되도록 옛 친구와 정감 있는 대화를 나눌 수 있고 문학이라는 공간에서 서로의 감정들을 이해 할 수 있음에 감사하자.

오늘 받은 선물은 요 근래 가장 좋은, 그리고 가장 소중한 선물로 간직될 것 같다.

'고희'라는 선물

육체는 늙는데 영혼은 늙지 않는다.

세상 사람들은 이것을 '몸은 늙으나 마음은 늙지 않는다.'라고 표현하는데 마음은 생각을 뜻하는 것으로 생각은 사람에게만 있는 것이 아니라 짐승에게도 있어서 주인을 알아본다거나 자기에게 어떤 위험이 닥칠 땅의 어떤 조짐을 사람보다 먼저 깨닫기도 하지만 미래를 꿈꾸거나 생각하지는 않는다.

그러나 영혼은 오직 인간에게만 존재하여 미래를 생각하고 꿈꾸며 육체 밖의 것을 상상하기도 한다. 이것이 하나님께서 인간을 창조 하실 때 흙으로 빚어 육체가 된 인간의 코에 하나님의 생기를 불어 넣어 주셨기 때문에 생령이 된 존재라는 것을 증명하는 것이라고 생각된다. 그렇기 때문에 인간은 육신을 입고 사는 이 삶이 다가 아니다. 육체 밖에서 온 생기, 영원의 삶이 우리에게 있다. 그 생기의 영생이 잠시 우리 육신 속에 와서 존재하다가 육신 무너지면 다시 육체 밖에 존재하는 영원의 세계로 돌아가는 것이다.

내가 세상에 태어난 지 칠십 년이 되었다. 늙지 않는 영혼은 아직 열아홉 살 처녀 같기도 하고 삼십 살의 장년 같기도 하여 칠십 년을 살아오면서 겪었던 순간순간들을 기억하고 돌아가고 싶을 때도 있지만 몸은 이미 힘이 빠져 휘청거리며 노인이 되었음을 상기시킨다.

칠순잔치를 하자는 아이들의 말을 거절했다. 내년이면 교회에서 정년 퇴임식을 할 텐데, 금년에 칠순잔치를 하고 내년에 또 정년퇴임식을 하다보면 주위 사람들에게 부담을 주게 될 것 같다. 그렇다고 자식들이 기반을 잡아 오시는 분들에게 축의금 받지 않고 그저 제공해 드릴 수도 없는 형편이니 그냥 가족끼리 조용히 밥이나 먹자고 했다. 마침 필리핀에 계신 선교사님 내외분이 나오셔서 아이들과 같이 조촐하게 자리를 가지기로 했는데 생각지도 않았던 아이들의 선물이 있었다. 딸은 며칠 동안 같이 해외여행을 하자고 했고 아들 내외는 마음에 드는 좋은 옷을 사 주었으며 사위와 며느리 손에는 꽃바구니와 케이크가 들려 있었다.

아들, 딸, 며느리, 사위, 손자 손녀들과 두 분 사돈까지 같이 하여 즐겁게 보내리라 생각했는데 갑자기 곁에 있어야 할 사람이 없다는 허전함이 밀려와 콧등이 시큰거렸다. 아이들 보는데 명랑한 모습, 행복해하는 모습을 보이고자 했으나 고이는 눈물을 주체할 수가 없어서 살며시 일어나 화장실로 향했다.

남편의 칠순 잔치는 참으로 풍성했었다. 형제자매들은 물론 멀리서 목사님들이 많이 오셔서 축하해주셨고 성도님들과 자녀들이 선물을 준비하여 드렸으며 딸은 아빠의 백일 사진에서부터 노년에 이르기까지의 사진들을 멋지게 동영상으로 편집하여 상영하기도 했고 나는 남편의 고희에 바치는 시를 지어 낭송하기도 했었다. 그날들을 생각하며 수도꼭지를 틀어놓고 한참 울다가 자기 고희는 잘 챙겨주었는데 왜 내 일흔 번째 생일은 혼자 두고 가버렸느냐고 혼자 구시렁거리고 돌아와 웃었다.

그리고 이틀 후 필리핀 마리그만 지역으로 단기 선교를 갔다. 만약에 화려하게 칠순잔치를 하고 왔더라면 후회했을, 정말 어려운 빈민촌에서 전도와 집회를 하는 중 칠순이라는 것을 알게 된 목사님들이 할로 할로라는 빙수를 시켜놓고 케이크에 초를 꽂아 두 번째 칠순잔치가 벌어졌다.

그리고 사박 오일의 선교활동을 마치고 돌아온 날 교회 권사님들이 목사님 칠순을 그냥 넘길 수 없다고 이 권사님 댁에서 거창하게 음식을 하여 같이 식사를 했다. 그리고도 또 금요철야 시간에 케이크에 초가 꽂히고 남전도회에서, 여전도회에서, 또 성도들의 선물들을 받게 되어 마치 하나님께서 받으실 영광을 부족한 내가 받은 것 같아 죄송한 생각에, 또 감사한 생각에 가슴 찡한 감동으로 눈시울이 시큰 거렸다.

내가 축하 받는 것을 포기하자 하나님께서는 이렇게 네 번이나 축하 받게 하시는 것인가? 한번 잔치를 했다면 끝났을 일을 오히려 성도들에게 밥 한 끼 대접도 안하고 대접만 받게 되니 미안한 마음과 감사가 공존하는 묘한 심정이다.

내가 대접 받고 싶어서 억지로 만든 것도 아니고 되고 싶어 된 것도 아닌 이 고희라는 선물을 거부할 수도 없고 누가 쫓을 수도 없다고 스스로 안위해 보지만, 역시 쑥스럽기도 하고 뭔가 빈 듯 찬 듯 허탈한 마음을 추스르기 어렵다.

그러나 감사함으로 받아 곱게 익어 가리라. 떨어질 낙엽이 서서히 물들어 고운 빛을 내듯 나의 남은 삶도 하나님의 영광을 위하여 곱게 익어 떨어지는 한 잎 낙엽이 되리라. 내가 떨어져 자녀들의 밑거름이 되고 내 그늘에 있던 내 열매들이 더욱 빛을 발할 수 있도록,

전화위복

설 명절이 되었다. 해마다 그랬듯이 교회에서 명절을 잘 보내라는 의미로 떡값 오십만 원을 줬는데 이번 명절은 회계를 보는 권사님이 바쁘셨는지 명절 이틀 전날에야 가지고 왔다. 명절에 먹을 것들은 사위 회사에서 선물이 왔고, 또 성도들도 과일 등을 가져와서 부족한 것들만 조금 사서 이미 다 준비된 상태라 받은 돈을 북한에서 넘어온 힘든 사람에게 보내주려고 따로 놨다가 아들과 사위가 '꽃게장'을 선물하고 싶다고 하는 바람에 그 돈에서 20만원을 빼서 게장 파는 권사님에게 가서 꽃 게장 1kg 두 통을 사가지고 왔다. 그리고는 자녀들에게 게장 값을 받아 채우리라 생각했는데 명절이 지나고 며칠이 되도록 잊어버렸다.

설날 내려온 아들 내외와 딸 내외가 세배를 하더니 게장 값과 세배 돈을 따로 얌전히 봉투에 넣어주기에 받아 채워 넣고 연휴가 끝나면 보내주리라 했는데, 수요일 밤에 권사님이 오셔서 "아들 게장 값 주고 갔어요?"하고 물었다. 얼떨결에 "예, 주고 갔어요."하고 대답을 하고나서 곰곰이 생각해 보니까 권사님이 게장 값을 안 받았다는 의미로 이해가 되었다. 나는 분명히 준 것 같은데 권사님은 아직 안 받았다고 생각하니 대책이 없어서 그날 내가 게장을 사올 때 같이 있었던 성도님과 집사님에게 물어봤더니 한 분은 다른 일에 신경을 써서 모르겠다고 하고 한분은 목사님이 "이렇게 싸게 주면 손해 볼 텐데, 이러면 안 되는데"하는 소리를 들었으니 돈을 주신 것 같다고 했다.

권사님에게 전화를 해서 "권사님 내가 게장 가지고 올 때 돈20만 원을 주고 가져온 것 같은데……."라고 했는데 권사님은 안 받으셨단다. 그리고는 "목사님이 주셨다면 어쩌겠어요? 그러나 저는 정말 안 받았어요."라고 했다. 그런데 나는 아무리 생각해봐도 주었으니 답답하기 그지없었다.

이렇게 되자 이제 돈 20만원이 문제가 아니라 자칫 자존심에 상처를 줄 것 같고 나 자신도 마음에 상처를 입을 것 같아 곰곰이 기도하며 생각해 보았다. 그리고 지금까지 권사님이 나를 섬겨온 일들과 그의 성품으로 보아 금방 굶어죽는다고 해도 받아놓고 안 받았다고 할 사람이 아니라는 결론이 났다. 나 역시 안주고 줬다고 할리 없고, 권사님역시 받아놓고 안 받았다고 할 사람이 아니라면 누군가 한 사람이 뭔가를 착각하고 있는 것이 분명한데, 이럴 때 과연 내 기억을 믿어도 틀림이 없을지 생각해 보니 그래도 나보다 젊은 권사님의 기억을 믿어야 옳을 것 같은 결론이 내려져서 지체 없이 그 내용을 간

략하게 문자로 남기고 돈으로 주면 받으려 하지 않을 것 같아 권사님 계좌에 돈을 입금시키고 나니 마음이 한결 편했다.

그 일이 있은 후 군산 시 여교역자 월례회가 며칠 앞으로 다가와서 교회 여전도회에서 간식을 준비해주면 점심식사는 내가 대접하겠다는 광고를 한 적이 있는데 권사님이 목사님들 점심을 가게에서 대접하고 싶다는 전화가 왔다.

"권사님 장사도 바쁜데 어떻게 많은 목사님들 점심을 대접한다고 그래요. 내가 식당에서 사 드릴게요."했더니 밝은 목소리로 "목사님, 목사님이 돈을 계좌로 보내 주셨으니까 제가 식사 대접하는 것이 아니라 목사님이 대접하는 거예요."하며 자기가 하고 싶어서 하니까 마음 쓰지 말고 와서 맛있게 먹어 달라고 했다.

그리고 이틀 후 회의를 마치고 식사시간에 맞추어 가게로 가니 각종 해선물이며 나물들을 정성껏 요리해서 진수성찬을 준비해 놓았다. 참석한 목사님들이 모두 흡족하게 먹고도 남아 한결같이 감사하며 돌아왔다.

만약 내가 식당에서 이만한 음식을 사주려면(이런 음식을 사줄 수도 없지만)돈이 훨씬 더 들어야 했을 것이다. 점심 식사 후 돌아와서 특강을 하는 동안 내내 마음이 기쁘고 감사했다. 만약 늙은이가 권사님을 믿지 못하고 목사랍시고 내 기억을 믿고 있었다면 이런 기쁨을 느낄 수 있었겠는가? 또 권사님이 나를 믿어주지 않았다면 이렇게 목사님들의 식사대접에 힘을 쏟았겠는가? 이십여 년 가까운 세월 동안 서로 믿고 합력해온 아름다운 작품이라는 생각이 들어 더욱 감사하다.

또 작은 일이지만 내 기억과 뜻을 버리니까 하나님이 아름답게 이루어 주시어 기쁘고, 권사님도 기쁜 심정으로 주의 종들을 대접하여 기쁘며, 성찬을 즐긴 목사님들도 다 같이 기쁠 수 있었다.

버리자. 더욱 버리자. 사람 심리가 늙어갈수록 경험이 쌓이니까 아까워서 버리지 못하는 것들이 많아진다. 그러나 버릴 것이 더 많아져야 젊은이들에게 폐가 되지 않으리라,

더 많이 버리고, 더 많이 비우고, 더 많이 잘라내어 홀가분하게 살리라 마음 다지며 기쁨으로 이 글을 쓴다.

오지랖이 넓어서

금년 초, 군산시 여교역자협의회에서 내 의지와 상관없이 나를 여교역자 대표회장에 올려놓았다. 몇 년 전부터 거론되던 일이었으나 나는 한국복음화운동본부 일도 많고 감투를 좋아하는 사람도 아니라 사양해왔는데 현재 마땅히 대표회장을 할 사람이 없기도 하지만 늙은이를 올려놓고 남자 목사님들에게 휘둘리고 싶지 않다는 뜻을 펼쳐 주기를 원하는 것 같아서 별 관심 없이 그저 가끔 한 번씩 참석했던 여교역자회 일을 하기로 했다.

나야 이제 목회 말년이고 누구에겐들 바르지 못한 일에 여자라고 이끌려 갈 일은 없기 때문에 후배 여자목사님들을 위하여 조금은 희생할 생각을 가졌던 것이다.

그런데 막상 여교역자 대표회장이라는 직책을 갖자마자 기독교 연합회 총무라는 목사님에게 모 식당으로 나오라는 문자와 전화가 왔다. 무슨 일인가하고 나갔더니 연합회장님과 임원들 몇 분, 그리고 교단 연합회대표 여전도회 회장이라는 분들이 십여 명 모여 있었는데 총무라는 목사님께서 나에게 여성분과 위원장이 되었으니 모 교회에서 국가와 민족을 위한 기도회를 하는데 돈 20만원 내고 사회를 보라고 했다. 국가와 민족을 위하여 기도한다기에 순간 좋은 일이라 생각하고 돌아와서 곰곰이 생각해보니 완전히 일방통행이라는 생각이 들었다.

목회 초기에 기독교연합회의 연락을 받고 몇 번 참석해보았는데 아름다운 모습보다 보고 싶지 않은 것들이 보여서 조용히 내 목회만 해왔기에 기독교연합회에 여성분과가 있는 줄도 몰랐는데 갑자기 한마디 연락도 없이 내가 여성분과위원장이 되었다는 것도 의아했고, 또 나는 교단연합회 여전도회 회장들이 있는 줄도 몰랐는데 여성분과위원회 주관으로 국가와 민족을 위하여 기도할 테니 돈 내고 사회보라고 하는 것은 완전히 여성목회자들을 무시하기 때문이라는 생각이 들었다. 최소한 주관이 여성분과 위원회라면 사전에 나에게 여성분과 위원장이라는 직책을 맡아 달라든가 이런 기도 모임을 여성분과 위원회 주최로 했으면 좋겠다는 통보정도는 했어야 정상일 것이다.

사전에 한마디 말도 없이 명목상만 여성분과위원장 주관이라고 했을 뿐, 무엇을 주관하게 했다는 말인지 이해할 수 없었다.

여교역자협회 증경 회장에게 전화를 걸어서 여교역자회가 교단연합회에 소속되어 있는지 물었더니 아니라는 것이다. 그렇다면 소속되어 있는 기관이 아닌데 지금까지 어떻게 운영해 나왔는지를 물었더니 지금까지 이런 기도회는 주관해본 적이 없었고 여성분과위원장직을 맡아본 적도 없으며 기독교연합회에 무슨 행사가 있을 때만 여교역자 회에서 30만원씩 주었다고 했다.

그 일이 있은 지 며칠 후 여교역자 임원들 모임이 있었다. 거기에서 이 일을 이야기하고 어떻게 하기를 원하는지 물었더니 한 결 같이 기독교연합회와 상관없이 우리는 여교역자들의 모임을 갖기 원한다는 것이었다.

그날 밤 기독교연합회 총무라는 분에게 전화를 걸어서 오늘 임원회에서 결의된 상황을 설명하고 앞으로 여교역자회는 기독교연합회의 지시를 받는 기관이 아니니 독립적으로 나가기로 했다는 것을 말하자 화를 버럭 내며 차마 듣기 거북한 말을 거침없이 해대더니 그렇다면 이미 결정된 교단연합회 여전도회장들의 기도회는 어떻게 하겠느냐고 다그쳤다.

내 의견 한번 물어본 적 없이 일방적으로 감투 씌워놓고 여성 목사님들을 크게 배려해서 사회를 맡겨 준다는 식으로 "이렇게 큰 행사에 사회를 맡는다는 것이 어딘데"하며 선심 쓰듯 하지만 남자 목사님들 앞에서 사회를 본다고 혹할 차원은 이미 넘었다는 것을 모르는 모양이었다. 아직 젊으니까 혈기도 있겠지, 생각하며 참으려 했는데 끝까지 내 말에 귀 기울이지 않고 자기주장만 하자 나도 말이 곱게 나가지 않았다.

"목사님, 제 의사가 반영됐었나요? 한번 만난 적도 없고 한마디 상의도 없이 일방적으로 여성위원장을 세워놓고 더군다나 다 짜놓은 판을 여성위원회 주관으로 한다는 통보식 처사에 감사해야 됩니까? 그러나 나 때문에 차질이 생긴다면 사회를 보는 것은 사양하되 돈은 개인적으로 제가 드리겠습니다."라고 했더니 대뜸 "우리가 거지입니까? 생각해서 큰 행사에 사회를 하라고 했더니"하면서 '시인이면 다냐?' '지역사회 일은 일이 아니냐?' 등 정말 듣기 거북한 말을 한참 쏟아 내더니 "회원들에게 분명히 이야기 하십시오 그런 식으로 하면 안 됩니다."라고 하면서 전화를 끊었다.

내가 한국복음화운동본부 일을 한다는 것은 신문광고를 통하여 알았을 것이다. 그러나 시를 쓴다는 것은 어떻게 알았는지 비난의 화살이 엉뚱한 곳을 향하여 들어오자 더 어이가 없었다.

내가 만약 동성의 대 선배 목사였다면 이런 처사를 할 수 있었을까?

여자 목사가 많지 않을 때 안수를 받아서 남자 목사님들에게 무시당하고 모멸감 느끼는 일을 숫하게 많이 겪어왔다. 그래서 실력을 갖추어야 되겠다는 생각에 환갑이 넘어서도 기를 쓰고 공부 하여 남들 3년에 끝나는 대학원을 졸업하고도 다시 부흥사 대학원에서 4년을 더 했고 나이 칠십이 된 지금도 책을 멀리하지 않게 되었다. 이런 일을 한두 번 겪은 것이 아닌데도 일찍 낳았으면 자식 같은 또래의 젊은 목사에게 모멸감을 느껴 하나님 앞에 무릎을 꿇었다.

그리고 어제 여교역자 월례회가 끝나고 특강을 해달라기에 특강을 하면서 이단 사상에 주의해야 할 것을 강조했고 강의를 마치고도 또 오지랖 넓게 제발 공부들 좀 해서 실력을 갖추라고 잔소리를 해댔다. 실력을 갖추어야 남자 목사님들에게 무시당하지 않을 수 있음을 누누이 설명하면서…….

나는 실력이 탁월한 것도 아니고 이제 퇴임직전의 늙은 여자 목사에 지나지 않는다. 앞서 회장을 거쳐 간 이들처럼 적당히 남자 목사님들 비위 거스르지 않고 해나가면 될 텐데, 난 그걸 못한다. 또 여성 목회자들에게도 잔소리 안하고 잘해주기만 하면 인기 있을 텐데 그것도 못한다. 그러니 여기서도 저기서도 인기 있는 사람은 못된다. 쓸데없이 오지랖만 넓은 것이 병이라면 병이라는 것을 알면서도 고치지 못하는 중한 병을 가지고 살고 있는 어리석은 사람이 바로 '나'다.

그러나 이런 병자도 하나님은 여전히 사랑하시는지 잘 감당 하지도 못하는 일들을 자꾸 맡겨주시니 하나님 보시기에 합당한 일을 향해 바로 갈수 있기만을 기도하며 소망한다.

시월 여행

시월이 간다. 무더위 속에서 그렇게도 기다려왔던 시월이 간다.

금년 시월은 유난히도 짧게 느껴진다. 원래도 노루꼬리만 하다는 시월인데 열이틀 이상 미국 서북부를 여행하고 돌아오니 언제 지났는지 마지막 날이 되었다.

금년은 추석연휴가 열흘이 넘어서 우리나라 인구의 대부분이 여행을 떠나니 인천공항이 개장한 이래 최고의 인파가 몰렸다는 뉴스를 들으면서 참 감사한 마음에 가슴이 뭉클하다. 언제부터 우리나라가 이렇게 잘 살게 되었을까? 불과 반세기 전만 해도 먹을 것이 부족해서 많은 사람들이 서울로 몰려와 판자촌을 이루고 살았었다. 그런데 이제 서울의 판자촌은 옛날이야기고 세계에서도 10위 안에 드는 빌딩숲의 거대한 도시가 되었으며, 경제적으로도 세계사상 최 단기간에 도움을 받든 나라에서 다른 나라를 돕는 나라가 되었고, 이렇게 나 같은 서민까지 세계 유명하다는 관광지를 가끔씩 여행을 할 수 있게 되었으니 말이다.

지난 해 추석에는 필리핀에 계시는 선교사님(사돈)가족과 같이 캐나다 록키산맥을 여행했고 이제 금년에는 또 두 가정이 같이 미국 서북부를 여행하게 되었다.

옛날에는 "뒷간과 사돈집은 멀어야 한다."는 말이 있었다. 그만큼 사돈은 어려운 사이라는 이야기인데 우리는 아이들이 신혼여행을 하면서 양가 부모님을 같이 동행하도록 한 이후 이렇게 스스럼없이 여행을 같이 해도 좋은 사이가 되었다.

이번 미국여행에는 한국에서 각종 김치며 밑반찬을 진공 포장하여 한 박스 챙기고 사위가 아무데서나 데워 먹을 수 있는 햇반을 또 몇 박스 사서 가져갔으므로 가는 곳마다 콘도에서 아침은 한식으로 밥을 먹고, 점심은 주먹밥 재료와 김을 가져간 딸의 센스 덕분에 주먹밥이나 김밥으로 달리는 차에서 먹고, 저녁에는 주로 고기 파티를 해가며 미국 서부지역 캘리포니아 주, 에바다 주, 애리조나 주, 유타 주를 다니며 그랜드캐니언을 비롯하여 엔텔로프캐니언, 자이언태니언, 브라이언캐니언 등을 관광했는데 20억년이 되었다는 지구가 생생하게 살아있다는 생동감을 느낄 수 있었다.

과거 미국의 bbc에서 살아있을 때 가보아야 할 곳 1위로 선정되었다고 했는데, 과연 그 선정에 틀림이 없다고 시인할 수밖에 없었다.

특히 애리조나 주 나바오 인디언 구역에 있는 우리말로 번역하여 "양의 내장"이라는 곳은 물의 힘에 의하여 생긴 일종의 굴인데 그곳에 들어오는 빛의 각도에 따라 정말 꼬불꼬불한 양의 내장을 연상

케 하는 광경으로 신비하기 이루 말할 수 없었다. 계속 셔터를 눌러 사진을 촬영해보니 마치 컴퓨터 그래픽 같은 느낌이 들었다.

그랜드캐니언이 좋다는 말을 하도 많이 들어 기대했는데 그 광대함과 웅장함은 상상을 초월했으나 그보다 브라이언캐니언에 갔을 때 숨이 멎는 것 같은 아름다움을 느꼈다. 어쩌면 흙으로 보이는데 그런 아름다운 색감과 오묘한 모양들을 가지고 있는지 금방이라도 백설공주가 어디서 나타나고 일곱 난장이가 나올 것만 같은 착각에 빠지게 만들어 가만히 앉아 바라만 보아도 수많은 상상력이 솟아나 마치 동화 속에 들어온 것 같았다.

미국 서부가 아름답다는 이야기를 많이 들었고 나름대로 TV에서 보았던 생각을 하며 그러려니 했던 나의 예측이 얼마나 모자란 상상이었던가를 느끼게 하는 광경들이 가는 곳곳마다 펼쳐져 가슴속에서 탄성이 나왔다.

이렇게 여러 곳의 캐니언을 보면서 한 가지 분명하게 느끼게 된 것은 노아의 홍수 사건이 분명히 있었다는 것이다. 다른 그 어떤 힘으로는 이런 광경이 나올 수 없고 오직 거대한 물의 힘만이 이런 현상을 만들 수 있다는 것을 느낄 수 있었다.

성경 창세기 7장11~12절에 보면 "그날에 큰 깊음의 샘들이 터지며 하늘의 창문들이 열려 사 십 주야를 비가 땅에 쏟아 졌더라."라고 했고 또 8장2절에 "깊음의 샘과 하늘의 창문이 닫히고 하늘에서 비가 그치매"라고 했는데 이 말씀은 하늘에서 40일간 비가 쏟아지고 땅이 갈라져 바닷물이 땅에 올라왔음을 말하는 것이니 그 많은 물들이 쫙 빠져나가면서 땅의 부드러운 부분들이 휩쓸려 내려가서 생긴 형상임이 분명했다. 그 확실한 증거로 어느 곳에선가는 산꼭대기 부분에 바닷가에서나 볼 수 있는 가는 모래가 있고 조개화석도 보였다. 또 산으로 둘러싸인 분지에 솟아난 엄청난 흰 산 같기도 하고 바위도 같기도 한 것이 소금기를 머금고 있어 식물이 자라지 못한다고 했다.

이런 것들을 지각변동에 의하여 생겼다고 볼 수도 있으나 캐니언의 이 엄청난 풍경은 거대한 물의 힘이 아니고는 생길 수 없는 광경이라고밖에 표현할 수가 없을 것 같았다. 다시 한 번 성경의 무오함과 정확성을 확인하는 계기가 되었다.

영어권을 여행할 때마다 느끼는 안타까움은 영어를 좀 더 일찍 공부했더라면 하는 아쉬움이다. 그러나 같이 여행하는 사돈 내외가 영어를 잘 하시고 10년 이상 영어권에서 공부해온 자녀들이 있으니 특별히 어려움은 없었다.

내년 추석 연휴에는 미국 동부를 여행하겠다는 아이들의 꿈이 실현되기를 바라며 동부 쪽에 가면 미국이라는 나라를 이룬 청교도들의 믿음의 자취를 둘러보고 다시 한 번 내 믿음도 견고히 만들리라,

시월이 간다는 아쉬운 마음에 아름다운 브라이언캐니언의 광경을 새기며 시월의 마지막 날을 감사로 보낸다.

2부
신앙

내 잔이 넘치나이다

"엄마 지금 어디세요?" 모처럼 고속버스에 몸을 싣고 느긋한 마음으로 낮잠을 즐기려는데 아들에게서 전화가 왔다.

"응, 지금 부천에서 집회 마치고 고속버스타고 집에 가는 중이야 어쩐 일이니 이 시간에?"라 물으니 아들이 뭔가 망설이는 어투로 "엄마한테 할 이야기가 있어서요."하며 한참을 뜸 들이고 하는 말이 며느리가 임신을 했단다. 그것도 벌써 5개월이 되었는데 남편인 자기도 최근에야 알았다고 했다.

세 아이의 아버지가 되었으면서도 아내의 몸에 아이가 생긴 줄을 몰랐다니 혼자 입덧을 감당했을 며느리가 안쓰럽고 아직 철부지인 스물여섯 살짜리 아들이 짊어지기에 무거운 짐 같은 생각이 잠시 스치기도 했지만 귀한 생명을 주신 하나님의 은혜가 감격스러워 눈시울이 뜨거워졌다.

딸 둘을 낳은 며느리가 혹시 셋째도 딸 일까봐 그 심한 입덧을 아무도 몰래 혼자 감당해오다가 아들이라는 것이 초음파로 확인되자 이제야 이야기를 했다는 것이다. 종갓집 외며느리가 되어서 아들 낳아주지 못할까봐 노심초사 했기에 셋째를 임신하고도 말하지 못했던 며느리의 속내가 짠하게 가슴으로 밀려와 곁에 있으면 꼭 안아주고 다독거려 주고 싶었다. 더군다나 며느리는 첫째를 낳으면서 난소 하나를 제거한 상태로 둘째도 힘들게 조산을 했기에 셋째를 가지기에 참으로 많은 용기가 필요했을 것이다. 그럼에도 불구하고 셋째를 가진다는 것은 요즘 여자들 사고방식으로는 쉽지 않은 결심이었을 텐데 부모님을 기쁘시게 해 드리고 싶어 하는 며느리의 마음이 아름답고, 더군다나 그 마음을 아시고 아들을 잉태케 해 주신 하나님의 은혜에 감격하여 끊임없이 눈물이 흘렀다.

내가 언제 자식 낳지 못하는 석녀였던가? 누가 나를 손자 손녀가 주렁주렁할 여인이 되리라 상상인들 했을까? 사무엘의 어머니 한나의 감격이, 나오미의 감격이 이보다 더 했을까?

결혼 후 13년이란 세월동안 자식 낳지 못하는 종갓집 맏며느리로 흘려야 했던 눈물과는 질이 다른 감사의 눈물, 감격의 눈물, 환희의 눈물, 행복의 눈물이 줄줄 흘렀다. 며칠 후면 배가 동산만한 딸이 뒤뚱거리며 어미를 찾아와 자기도 어미가 될 것이다. 그리고 외손녀를 품에 앉은 두 달 후면 또 며느리가 손자를 낳아줄 것이다. 불과 5년 사이에 손녀 손자가 넷이다. 이 행복이 어디서 왔는가?

지금 이 글을 쓰면서도 볼에 눈물이 흐른다. 남편은 이런 나를 보고 '좋으면 웃어야지 왜 우느냐?'며 울보라고 놀린다. 그러나 그렇게 말하는 남편의 눈에도 감사의 이슬이 촉촉이 젖어 드는 것을 나는 느낀다.

유방암으로 양쪽 유방을 모두 도려내고 죽을 줄 알았던 내가 나이 사십에 임신을 하자 남편은 하루에도 수십 번씩 혼자 말처럼 "차~암"을 되풀이하며 감격했었는데, 요즘 그 병이 다시 도졌다. 혼자 거실에 앉아서 텔레비전을 보다가도 "차~암" 길을 걸어가다가도 "차~암"하며 싱글벙글이다. 손녀를 지극히 사랑해서 어린 것의 요구조건을 모두 들어주고 시시 때때로 보고 싶어서 전화하고 서울까지 갔었으나 마음 한 구석에 손자에 대한 미련이 컸기에 '차~암' 병이 도진 것이 아니겠는가?

이 크신 은혜를 무엇으로 보답할 수 있을까? 내가 무엇이기에, 도대체 이 미련한 것이 무엇이기에 석녀가 되어 인간의 힘으로는 불가능하다는 진단을 받았던 나를 고치시어 자녀의 즐거운 어미로 살게 하시더니 이제 이렇게 손자 손녀까지 줄줄이 주셔서 후손들 재롱 보며 즐겁게 살도록 행복한 삶을 주시는지 가슴이 벅차오른다.

내가 자식 낳지 못해 눈물지을 때, 행복한 부모였던 사람들 중에 많은 사람들은 자식들 혼인도 못시킨 사람이 많다. 그런데 난 그 늦은 나이에 낳았어도 자식 결혼걱정 없이 예쁘고 착한 며느리에 듬직하고 성실한 사위에 조금도 남부러울 것이 없는데 더군다나 이렇게 자녀들의 후손들까지 보게 하시니 내 삶에 추호도 불만이 없다. 아니 불만이 없는 것이 아니라 너무 행복해서, 너무 감격해서 이렇게 감사의 눈물을 흘리고 있는 것이다.

나 아닌 다른 사람도 손자 손녀가 생기면 이렇게 감격할까? 어쩌면 자식 잘 낳아 키우신 분들에게는 자연적인 현상으로 신기하고 새로울 것이 없는 '평범'일 수도 있을 것이다. 그러나 난 다르다. 석녀가 되어 살아야 했던 모진 세월 동안 격정을 인내케 하신 분도 하나님이시고, 이렇게 풍성한 결실을 주신분도 하나님이시다. 살아계신 주님께서 주신 이 행복, 주님으로 말미암아 사랑할 수 있고, 주님으로 말미암아 기쁠 수 있고, 주님으로 말미암아 소망이 넘치는 이 행복을 누가 알겠는가?

이제 남은 생이 얼마일는지 나는 모른다. 그러나 살아 숨 쉬는 최후까지 하나님의 영광을 위하여 최선을 다 하리라. 그리고 목회하는 아들을 위하여 그들의 후손들을 위하여 기도 하며 살다가 주님 품에 안기리라. 다짐하고 또 다짐한다.

건망증과 치매 사이

건망증이 심해져서 자동차 키를 손에 들고 찾으려 다니고, 휴대폰은 집 전화나 남편 폰으로 울려봐야 찾는 일이 다반사다. 세월 이기는 장사 없다는데 60년 하고도 절반 이상 써먹었으면 그러려니 해야 되건만 괜스레 기억하지 못해서 찾아야 하는 일들이 짜증 날 때가 많아 혼자 두리번거리며 투덜댈 때가 잦아졌다.

목사님들의 모임에서 건망증에 대한 이야기를 하던 목사님의 말씀이 담뱃대를 손에 들고 길가는 사람이 팔을 뒤로 할 때는 "내 담뱃대 어디 갔나?"하다가 팔이 앞으로 나오면 "옳지 여기 있구나."를 계속해도 그 정도는 건망증이고, 그러기를 계속하던 어느 날 담뱃대를 들고 "이것이 무엇 하는 것인고?"하면 치매라고 해서 난 아직 치매는 아니라고 스스로 자위했다.

어떤 시인이 카페에 "건망증"이라는 시를 올렸다. 내용인즉 녹차를 마시려고 컵에 티백 녹차를 넣고 물을 부어 놓았단다. 한동안 있다가 이제 잘 울어 났겠지, 하며 마시려고 찻잔을 들어보니 노란 종이만

컵에 둥둥 떠 있고 녹차는 컵 밖에서 보송보송하다는 이야기였다.

어느 날 이웃교회 집사님께서 장가도 못간 늙은 총각이 치매 환자인 어머니를 모시고 사는 가정이 있는데 한번 같이 가보자고 해서 갔던 적이 있었다.

비라도 내리면 샐 것 같은 낡은 집에 그 집보다 더 낡은 어머니와 반백이 넘은 아들이 살고 있는데 우리가 들어가자 나무껍질 같은 손톱으로 벽지 긁어 무늬 만들던 어머니가 히죽이 웃었다. 가져간 음식 몇 가지를 드리자 아들이 한 번에 드리면 다 잡수신다고 숨기고 조금만 드리는데 어떻게 아셨는지 다 가져오라고 연신 손짓을 하신다.

"어머니 나중에 드릴게요. 지금 다 잡수시면 배 아파요."라는 아들의 말에 순한 양처럼 눈만 껌벅껌벅하시는데 그 모습이 어찌나 안타깝던지 '언제부터 이런 증상이 되셨느냐'고 물었더니 삼년 전에 아버지가 돌아가신 후부터 치매가 극심해졌다고 했다.

동행한 집사님과 집안을 좀 치우고 집사님이 빨래를 빤다고 나가는데 어머니가 나를 붙들더니 화투를 내놓고 "영감, 이거 헤야지." 하시며 화투를 치자고 했다.

"저 이것 잘 못해요."하며 책을 읽어 드리려고 했더니 한사코 화투만 고집했다.

할 수 없이 화투짝을 들고 앉았다. 고스톱을 하자는 것인데 흑싸리와 홍싸리를 분별할 줄 모르는 어머니나, 무엇이 약이고 무엇을 해야

이기게 되는지 잘 모르는 나나 모르긴 마찬가지다

한참 그림이 맞는 것을 찾아 가져가고 엎어진 화투짝을 뒤집고 하다가 어머니가 갑자기 "스톱"을 외쳤다. 그리고 이어 "영감 내가 이겼어, 자."하시더니 누런 이빨 한 개가 뾰족이 나온 입술을 내게 들이대며 뽀뽀를 하라는 것이었다. 나이든 사람이 비위 탓도 못하고 눈 딱 감고 입술을 대주었더니 좋다고 박수를 쳤다. 그리고 계속하자는 것이다.

그 모습을 지켜보던 아들이 무안한지 "어머니 이제 그만 하세요." 하고 말려 보았으나 막무가내로 생떼를 쓰는데 당할 수가 없었다.

"네 할게요. 그런데 저 밖에서 빨래하는 사람 빨래 다 하고 들어올 때 까지만 이예요 약속해야 해요"라고 밖에 있는 집사님이 들을 수 있게 큰소리로 약속을 하고 다음 판을 시작했다. 어차피 어디서 가야 하고 어디서 서야 하는지 모르는 판이라 이젠 나도 지지 않고 적당한 시기에 "스톱"을 외치고 내가 이겼다고 큰소리치며 손에다 뽀뽀 하라고 했는데 손은 때리는 것이라며 앙상한 손가락 두 개로 내 팔을 야무지게 때렸다. 할머니에게 몇 대 맞고 돌아오는 길이 왜 그리 멀었을까? 타박타박 발걸음이 무거웠다.

부부가 아무리 가까워도 평생 같이 갈수는 없는 것이 인생길이다. 한 사람이 가고 나면 남는 사람의 아픔이 그만큼 큰 것인데 금슬 좋게 살던 부부는 늙을수록 타격이 더 크다더니 정말 그런 것 같았다.

생의 시초에 만난 부모님과, 마지막에 남기는 자녀, 그 사이에서 사는 동안 떠난 후에도 남겨진 사람들에게 아름다운 추억만 줄 수 있는 삶을 살수만 있다면 좋으련만…….

현실은 잃었어도 과거는 살아서 영감님과 고스톱 치며 뽀뽀하던 그 추억 속에 사는 할머니가 한동안 나를 깊은 사고의 늪으로 몰아 넣어 어설픈 철학자처럼 삶에 허무감을 느끼게 했다.

그 결과 영존하시는 하나님과 더 밀착하는 계기가 되었지만.

"주의 종"이라는 위치

지루한 비행기에서 내려 대기하고 있던 딸 부부와 교회를 향해 달리는 승용차 밖으로 '오클랜드' 씨티의 건물 하나가 유난히 높아 보인다.

지진이 자주 나는 지역의 특성 때문인지 씨티를 벗어나자 한결같이 단층 주택들이 질서 정연하고 거리마다 꽃과 나무가 많아 아름답다.

다른 나라에서는 볼 수 없었던 소나무도 전나무도 아닌 묘한 나무가 나를 사로잡아 지역민에게 물어도 이름들을 잘 모르는 듯 소나무과라는 것만 알려 주었다.

도착한 날 밤부터 오클랜드순복음소망교회에서 집회를 인도하는데 집회를 계속하는 동안 이민자들에게 아픔과 상처가 많아 내가 준비해간 말씀이 아닌 다른 말씀으로 하나님께서 영혼들을 위로 하시고 치료 하시는 것을 느낄 수 있었다.

안수기도 받는 것을 원하는 성도들이 많아 육신적으로는 힘이 들었으나 눈물 흘리며 회개하고 은혜 받아 영혼들을 소성케 하시는 하나님의 은혜에 감격하여 내 가슴도 오랜만에 뜨거웠다.

집회 둘째 날 밤이었다.

어느 집사님이 안수기도를 받고는 다른 사람 안수기도가 끝날 때까지 기다리더니 상담을 하고 싶다고 했다. 담임목사님께 여쭈어보았더니 "잘 이끌어 주세요."하시며 흔쾌히 허락하셨다. 상담의 내용은 남편이 아들을 평양대학을 보내려고 하는데 괜찮을지 불안하다는 것이었다.

"왜? 굳이 평양대학을 보내려고 하는데요?"라고 묻자 "평양대학을 보내면 일단 등록금이 없고 숙식이 다 해결된대요. 그리고 이북에 선교사로 보내려고요."라고 했다.

"그럼 아들의 생각도 평양대학을 졸업하고 이북에서 선교사로 일할 마음의 준비가 됐습니까?"라는 나의 이 질문에 아직은 모르겠다는 것이었다.

"아들의 뜻이 어떤지 먼저 알아봅시다."라는 나의 말에 아들을 불러왔는데 아들에게 그의 의향을 묻자 그는 전혀 뜻이 없었다.

아들은 한국 나이로 해도 열아홉 살인 아직은 어리디 어린 소년에 불과했다. 한국에서 자라 친구와 자주 어울려 자신의 진로를 많이 상담 하여 견문을 넓힌 것도 아니고 그저 한 눈에 보기에도 아직 미숙하기 그지없는 소년 같았다.

그 집사님의 남편은 일찍 이민 와서 영주권도 시민권도 다 가진 사람이라 중국으로 이북으로 무역을 한다는데 아들은 한국어에 능숙하지 못하고 이민2세들의 어정쩡한 국가관과 신앙이 그대로 보이고 확고한 소명감도 없이 이북으로 보내서 뭘 어쩌자는 것인지 답답했다.

그렇다고 남의 인생을 내가 좌지우지할 수도 없는 일이 아닌가? 기도해서 금방 응답이 내려오면 좋으련만 그렇지도 않고 이럴 땐 주의 종의 위치가 난감하다.

오랜 시간 많은 대화를 하고 아들의 의견을 최대한 반영하여 결국 한국에서 한동대학을 졸업하고 하나님의 부르심이 있어 확실한 소명감을 느낄 때 신학공부를 한 후에 선교사로 나가기로 했다.

집회 마지막 밤이었다.

까만 티셔츠를 입은 한 여자를 안수하는데 갑자기 내 마음이 아프고 쓰려 눈시울이 뜨거워지면서 죽고 싶다는 생각이 전해졌다. 어떤 사연이 있는지 정확히 알 수는 없지만 우울증이 심하고 자살을 생각하고 있는 사람이라는 확신이 들어 꼭 끌어안고 같이 울면서 다독거려 주며 그녀의 귀에 생명의 귀중함과 내 생명은 내 것이 아니라 주신분이 거두실 때까지 내가 보존해야 된다는 것을 들려주었다.

내 이야기를 들은 그가 나를 꼭 붙들더니 "죽고 싶은 마음뿐이에요. 이번 부흥회 끝나도 똑 같은 마음이면 죽으려고 했는데, 목사님이 어떻게 아셨어요?"라고 했다.

"어떻게 알긴, 하나님께서 나를 통해서 성도님을 살리려고 하시니까 알게 하신 것이죠. 죽을힘을 다해서 살아보세요. 반드시 하나님께서 새로운 기쁨을 주실 테니까."

"정말 나 같은 것이 살 수 있을까요?"

파리한 얼굴에 눈물이 범벅된 모습으로 힘없이 말하는 그 성도에게 다시 한 번 삶의 소망을 주고 간절히 기도해주었다.

그리고 새벽 시간 그의 모습은 어젯밤의 모습이 아니었다. 집회가 다 끝났을 때 호텔로 가려고 나오는데 누가 교회 앞에 서 있다가 봉투를 하나 내 손에 쥐어주며 편지라고 했다.

호텔에 돌아와서 펴보니 "목사님 정말 감사합니다. 목사님이 아니었으면 저는 지금쯤 싸늘한 시체가 되었을지도 몰라요. 여기 제가 약 사먹고 죽으려고 했던 작은 돈인데 목사님 식사 한 끼 사드세요"라는 메모와 함께 뉴질랜드 지폐 두 장이 들어있었다.

내가 무엇이기에, 어찌 그 성도를 살릴 수 있었겠는가? 그에게 삶의 희망을 주고 살게 하신 분이 주님이시건만 주님이 받으셔야 할 영광을 내가 받는 것 같아 그 소중한 돈을 성경 책속에 간직했다가 남 섬 여행을 마치고 돌아와서 나의 주인이시며 그 성도를 고치신 주님께 드렸다.

뉴질랜드는 정말 축복받은 땅이라는 생각이 든다. 어느 곳을 봐도 아름답다. 끝없이 펼쳐지는 푸른 초장에 한가로이 풀 뜯는 양떼와 소떼, 꽃사슴들, 가는 곳마다 마음까지 꺼내 씻고 싶도록 맑은 비취빛 호수들, 일 년 내내 꽃피고 새가 지저귀고 거리마다 각가지 꽃들이 반겨주는 곳, 무엇하나 부족함이 없는 여유로움과 낭만이 깃든 곳이다.

그러나 사람의 행복은 자연 환경의 아름다움에 있지 않다는 것을 그곳에서 절감했다. 담임 목사님과 이민 목회의 애로들을 이야기하던 중 뉴질랜드가 세계에서 자살률이 가장 높다는 이야기를 들었다.

사람의 심리는 묘하다. 먹을 것과 입을 것이 넉넉지 못한 환경에서는 오히려 살려고 발버둥 치는데 의식주 문제에 지장이 없으면 쾌락을 추구하고 쾌락의 나락에 빠져 오히려 영적으로 곤고하고 허탈감에 시달리게 된다. 그래서 인간은 창조주 하나님을 찾고 그 안에서 영생을 소유할 때 진정한 행복을 만끽할 수 있는 것인데 그 진리를 모르니 삶이 허무하여 자살을 하게 되는 것이 아닐까?

어떻게 하면 이 진리를 더 많은 사람들이 알 수 있도록 전파할까?

동화의 나라 같은 착각을 일으키게 하는 '퀸스타운'과 남 섬의 각가지 아름다운 절경을 관광하는 동안도 내 눈에는 분명 교회건물 같아서 다가가면 정부의 기관이나 혹은 음식점, 나이트클럽이 되어있는 아픔 때문에 편치 않았다.

우리나라도 출세에 현혹된 젊은이들이 교회를 떠나고, 학생들은 공부하여 좋은 대학에 가는 것을 목표로 하여 교회를 등한시 하는 추세가 계속된다면 머지않아 교회가 텅 빌 지도 모른다.

"주님. 제발 대한민국이라는 나라의 교회들이 이렇게 되지 않도록 지켜주시고 한국의 젊은이들을 주님이 간섭해 주시옵소서."하는 마음속 기도가 끊이지 않는 여행이 계속되었다.

남섬 여행 마지막 밤, 텔레비전을 켜자마자 일본에 큰 지진이 일어났고 그 후속으로 '쓰나미'가 덮쳐 집들이 무너지는 관경이 나왔다. 영화의 한 장면 같은 그 엄청난 재앙을 보면서 일본여행 때 느꼈던 그 각종 우상들이 먼저 연상되는 것은 무엇 때문이었을까?

돌아오는 비행기를 일본에서 2시간 후에 바꾸어 타야 했는데 일본에 거주했던 외국인들이 핵의 공포를 떠나 본국으로 돌아가려고 밀려드는 관계로 공항이 북새통을 이루어 30분을 더 기다려야 했다. 공항에 앉아서 일본이 당한 이 엄청난 재해의 원인을 생각하다가 비행기에 올랐는데 활주로 주변에 때 늦은 눈이 내려 하얗게 쌓인 모습을 보면서 하나님은 어느 곳에나 이런 자연의 아름다움을 인간에게 선물하고 계시건만 인간의 이기심과 욕심이 이 하얀 눈 속에도 인간을 파멸시킬 수 있는 무서운 물질들을 주입한 결과를 초래하게 되었다는 생각이 들었다. 세계에서 제일 튼튼하고 높은 방조제라고 큰소리치던 곳을 종이처럼 일순간에 무너트린 자연의 힘 앞에 인간은 얼마나 무능한가?

'종'이란 어느 곳에 가도, 무엇을 해도 주인을 생각하고 그 주인의 뜻을 따라 생각하고 행동하며 주인을 기쁘시게 하는데 주력하는 존재다. 좋은 도구로 쓰임 받은 은혜에 감사하며 이웃나라의 비극을 보고 또 다른 각오를 가지게 해 주신 나의 주인님께 고개 숙일 수밖에…….

터키와 그리스 순례

인천공항을 출발하여 장장 열 두 시간 반을 비행기의 좁은 공간 안에서 보대껴도 지루함을 느끼지 못할 만큼 기대에 찬 성지순례 길에 올랐다. 마침 비행기의 창 쪽에 앉게 되어 광활한 중국 땅을 몇 시간 구경하다가 역사의 나라 터키의 이스탄불 공항에 내렸다.

'터키'라는 나라는 멀고도 가까운 나라, 우리나라 사람들에게 호의적이고 스스로 형제의 나라라는 감정을 가져서인지 가는 곳마다 요즘 세계적으로 유행하는 한국 가수의 우리말 노래와 말 춤을 거침없이 보여주어 마음을 포근하게 만들었다.

달변가인 가이드의 인도에 바울 사도의 발자취를 따라 소아시아의 일곱 교회를 순례하는 동안 가는 곳곳마다 유적지고 세계 역사의 발원지임을 실감하며 터키라는 나라에 매료되어 사도 바울의 아픔과 눈물을 잠시 잊을 때도 있었다.

손녀와 "스머프"라는 만화 영화를 보면서 모두가 컴퓨터 그래픽이라고 생각했었는데 실제 버섯동네 속으로 들어가서 동굴 속에 살던 고대인들의 삶을 마음에 그려볼 수도 있었고, 로마의 핍박을 피하여 동굴 속에 교회를 만들어 예배 하던 선진들의 순교적 믿음을 가슴에 품어보기도 했다.

사도 바울이 '괴나리봇짐'을 메고 걸었을 옛길을 최신형 리무진버스로 달리면서 바울사도의 봇짐 속에 무엇이 들어있었을까? 성경 어디에도 말을 타고 갔다거나 병거를 탔다는 기록이 없으니 자동차로 달려도 힘든 길을 몇 차례나 터덜터덜 걸었을 사도를 생각하며 그의 봇짐을 풀러 보았다. 두루마리 성경, 낡은 옷 한 벌, 속옷 몇 개, 그리고 말린 무화과 한 뭉치, 물병, 신발, 더 이상은 무리였다. 눈시울이 뜨거워졌다. 그가 갇혔던 감옥 앞에 섰을 때 카메라 셔터를 빨리 누를 수 없었다. 감옥에 갇혀서도 찬송과 기도로 일관했던 그들을 구출하시기 위하여 지진을 일으키시지 않으셨다면 아마도 이 감옥에서 생의 마지막을 보냈으리라.

가이드를 따라 사도행전 속에 기록된 바울의 행적을 더듬으며 사도 요한이 밧모 섬에서 주님께 받은 소아시아 일곱 교회를 차례로 순방 했다.

동양과 서양을 같이 가진 나라 터키(동서양의 교차로)는 물이 귀한 나라였다.

사도행전 16장에 바울사도가 아시아에서 복음을 증거 하려 할 때 성령께서 막으셨고 마케도니아 청년이 환상 중에 도와달라는 요청을 받고 마케도니아로 가서 첫 성인 빌립보에 도착하여 기도처를 찾다가 만난 여인이 자주장사 '루디아'인데, 바로 이 루디아를 만난 장소가 '지각티스 강'가였다. 그곳에 루디아 기념 침례소가 세워져 있고 강가에는 루디아의 동상이 있었는데 우리나라 개념으로는 '강'이 아니라 '도랑물'수준인데 그들은 강이라고 불렀다. 그도 그럴 것이 땅은 넓은데 '논'은 없고 호수나 저수지도 볼 수 없었다. 그저 광활한 땅에 오렌지 나무와 올리브나무, 그리고 아몬드 나무 등이 즐비한 길을 달려 도착한 '카파도키아'의 지하 동굴도시, 깊이가 무려 120m로 8층까지 땅속으로 내려가며 동굴을 파고 살았다는데 중간 지점도 못가서 더 이상은 미로라 일반인이 들어갈 수 없다고 했다.

십자가 모양의 교회를 만들어 놓고 외부의 침입을 막기 위한 방어시설을 비롯해서 철저한 환기시설, 학교, 병원, 비밀통로와 바위 문 등 생활에 필요한 모든 것을 갖춘 지하 동굴이 수 십 개 연결되어 지하 도시를 형성하고 한 때 이만여 기독교인이 로마의 핍박을 피해 지하생활을 했다는데 화장실을 두 개밖에 없었다니 얼마나 굶주리며 오직 믿음을 지키는 데만 주력했는지 가히 짐작이 되었다. 그 당시 기독교인들의 순교적인 신앙의 감격이 밀려와 허리한번 못 펴고 구부리고 들어간 굴속은 많은 눈물을 자아내기에 부족함이 없었다.

카파도키아의 또 다른 '괴뢰메' 지역은 한때 칠 만 여명의 기독교인들이 숨어 살았다는데 조그마한 봉우리마다 마치 벌집 같은 형상이었다. 여러 이름들의 동굴교회가 있고 각종 성화들이 있었으며 동굴 속에 아직도 방앗간의 맷돌과 형상이 남아 있어 또한 가슴이 뭉클했다.

그러나 사도바울의 피와 땀방울로 얼룩진 터키 땅은 현재 기독교가 황무지와 다름없고 가는 곳곳마다 이슬람 사원이 우뚝우뚝 서있다. 노아의 방주가 안착한 아라랏산, 아브라함이 그의 아버지 데라와 머물렀던 하란, 초대 교회 핍박받던 기독교인들의 피신처였던 카파도키아, 세계 역사상 최초로 기독교를 국교로 공인한 아르메니아 왕국의 교회, 이 모든 선인들의 믿음의 뿌리가 어쩌다가 이렇게 뽑혔을까?

아픈 마음을 가눌 길 없어 이슬람사원 꼭대기마다 마음으로 십자가를 세우며 터키 땅을 떠나 하룻밤을 꼬박 배에서 숙식하고 그리스로 향했다.

요즘 국가의 흥망성쇠가 뉴스에 자주 등장하는 나라, 그러나 그리스는 터키와 대조적으로 가는 곳마다 정교회가 자리하여 아름답고 도시나 농촌을 망라하여 깨끗하며 영적으로 밝아 황량한 터키를 지나온 몸과 마음의 긴장이 풀렸다.

수많은 신들이 존재하는 나라, 어릴 적 읽은 그리스 신화에 등장하는 신들이 가는 곳곳마다 동상으로 남아있었다. 대부분 목이 떨어진 돌조각으로…….

바울이 '에게해'를 건너서 유럽으로 향하여 최초로 세운 빌립보교회, 대부분이 무너지고 새로 복구한 흔적이 있으며 지금도 복구 중이었다. 다만 원형경기장만 형태를 조금이나마 유지하고 있을 뿐, 고린도 지역에 도착하여 사도 "바울 기념교회"에 도착했다. 비교적 깨끗하고 성화들이 화려하게 그리고 선명하게 보존되어 있었으며 고린도전서 13장1절에서 8절까지가 헬라어로 기록되어 있었다.

우상숭배로 가득 차있던 로마, 네로황제는 로마시내에 불이 나서 걷잡을 수 없게 되자 기독교인들이 불을 냈다고 뒤집어씌워 수많은 기독교인들을 죽이고 박해했다. 원형극장 콜로세움이 잘 보존되어 있었는데 그곳에서는 굶주린 맹수들과 기독교인들을 싸우게 하여 사자밥이 되게 하였고 매질하며 핍박했으며 팔라티노 언덕에서는 기독교인 대학살이 이루어졌다고 했다. 그러나 기독교인들은 더 많아지고 결국은 콘스탄티누스에 의해 국교로 받아들이게 된 기독교 역사의 현장에 서자 잠시 발걸음이 옮겨지지 않았다.

지각변동으로 바다가 솟아올라 이루어졌다는 아슬아슬한 암벽위에 지어진 '메테오라' 수도원에서는 과거 수도사들의 생활상을 더듬어보며 순교를 각오하고 그곳에 올라 수도하며 살다가 그곳에서 생을 마친 유골들 앞에 이르렀을 때 고개가 저절로 숙여지고 눈시울이 시큰했다. 내가 천주교에서 영세를 받은 사람이라서 그랬을까? 다른 목사님들은 그저 지나치는 것 같았는데 나는 수도사들의 외로운 생활상과 고뇌가 밀려와 두통이 일어났다.

또 바울사도가 루디아를 만났던 '지각티스 강'가에 이르러 그곳에서 주일 예배를 했는데 우리나라 사람들의 개념으로는 작은 도랑물에 지나지 않을 물을 그들은 '강'이라고 하는데 그곳이 얼마나 물이 귀한 나라인지를 실감하게 했다. 그래도 수천 년을 마르지 않고 흘러왔고 그곳에서 자주장사 루디아가 사도 바울을 만나 구원 받은 후 바울을 잘 섬겼던 소중한 지역이기에 기념 교회라기보다는 세례 소 같은 건물이 지어져 있었고 성화들도 잘 보존되어 있었다.

그리스로 갈 때는 하루 밤을 배에서 보냈는데 돌아올 때는 이곳저곳을 관광하고 육로를 통하여 쉽게 올 수 있었다.

이번 성지 순례를 통하여 얻은 것이 많아서 내년쯤에는 이스라엘로 날아가 주님의 발자취를 더듬어보리라 작정하고 돌아왔다.

병 주고 주는 약

교회에 환란의 바람이 몰아쳤다. 십 삼년 동안이나 같이 개척해온 소위 개척 멤버였던 권사 둘과 집사 하나가 나갔다.

교회를 증축하면서 건축 경비를 일억 오천만원에 하기로 작정하고 개척 멤버의 남편에게 공사를 맡겼다. 계약서를 써야 마땅하건만 본 교회 집사며 자기교회라는 의식이 강한 사람으로 항간에 그가 세운 교회라는 소문까지 났던 터라 구두로만 말하고 공사를 했는데, 공사가 다 되어갈 무렵 도저히 일억 오천으로는 안 되겠다며 천만 원을 더 요구해서 승인했다. 그리고 며칠 후 다시 천만 원을 더 달라고 해서 거기까지 승인하여 일억 칠천에 하는 줄 알았는데 한 달도 못돼서 공사 대금을 이억 팔천만 원인데 자기가 삼천만 원은 헌금 하는 것으로 하고 이억 오천만원을 달라는 것이었다.

상상도 못한 일이었다. 자다가 날벼락 맞는다는 속담이 현실이 되었다. 그러나 교회 성도들은 이미 말 꽤나 할 수 있는 사람들을 다 포섭한 상태고 순수한 믿음의 사람들은 내 눈치만 살피고 있었다. 내가 어찌할 수 있겠는가? 법적으로 대응하면 하나님 영광이 가릴 것이고 그렇다고 교회에 돈이 있는 것도 아니고 난감하여 밤낮 기도만 하고 있는데 그의 부인 권사가 새벽에 기도를 하는데 하나님께서 "교회 빚 걱정 말고 네가 갚아라, 한 달에 백만 원 이상씩 헌금하면 문제없다"라고 했다면서 자기 남편의 성격 운운하며 은근히 남편의 요구를 들어주었으면 하는 눈치를 보냈다.

은행을 전전하며 교회를 담보로 최대 융자를 내고 그래도 안 돼서 내 이름으로 마이너스 통장까지 개설하여 이억 사천오백을 만들고 교회 재정을 모두 긁어 이억 사천 육백 칠십을 만들었다. 그리고 그 집사님에게 교회 재정 장부를 보여주며 더 이상은 할 수 없으니 나머지는 십일조 한 셈 치고받으라고 했는데, 화를 버럭 내며 나가 버리더니 그 부인 권사가 와서 이왕이면 기분 좋게 다 채워주면 자기가 그 나머지 삼백 삼십은 금년 내로 남편 몰래 주겠다는 것이었다. 기가 막힐 노릇이었다. 세상에서라면 어림도 없겠지만 주님영광 가리지 않으려고 참고 또 참으며 여기 저기 돈을 빌려 결국 그가 요구하는 돈을 다 주었다. 그리고 나는 계약서를 체결하지 않아 하나님의 교회를 빚더미 위에 올려놓은 아픔으로 가슴앓이를 하는데 건축한 집사는 교회를 등지고 술집에 앉아 화투치며 교회를 비방하는 일을 서슴없이 자행하고 있다는 소문이 돌았다.

그뿐 아니라 이제 자기는 우리 교회에 안 나갈 것이고 자기가 안 나가면 아무개 권사도 안 나갈 것이라고 한다는 것이었다. 그런 소문을 다 듣고도 난 그들에게 속수무책이었다. 입이 거칠고 행위가 거칠게 살아온 그가 교회에 나오면서 술을 끊고 사람이 새로워졌다고 타인들에게 칭찬을 받았었는데 이렇게 목회자의 뒤통수를 칠 줄 어떻게 알았겠는가? 그 이후 한 달에 백만 원씩 십일조를 하겠다던 그의 부인은 오히려 십일조라는 명목으로 하던 헌금을 건너뛰는 달이 많아졌고 남편을 설득하여 교회에 나오게 하기는커녕 모 권사와 함께 주일 낮 예배만 겨우 참석하고 수요기도회나 금요 철야를 나오지 않더니 나중에는 주일 오후 예배마저 하지 않았다.

당신들은 개척 멤버로 권사가 되었으니 재발 예배시간만은 참석하여 본을 보여야 한다고 야단도 치고 타이르기도 했지만 소용이 없었다. 그뿐 아니라 권사 하나는 믿음 없는 구역원들을 모아 놓고 예배하는 시간은 삼십분도 안 되는데, 교회의 흉과 비평을 하는 데는 두 시간 이상을 소요해서 그 집 성도가 다시는 구역예배를 하지 않겠다고 하는 소동까지 일어났다.

지난 해 교회에 임직자들을 뽑는 투표가 있었을 때도 권사들이 신실한 일꾼들을 집이 멀다는 명목 하에 배제하고 한 달에 교회 한 두 번 나오는 사람과 교회를 건축한 집사를 적극 밀기로 밀약하고 교인들을 포섭하여 투표에 임하여 자기들이 원하는 사람들이 되게 만들었다. 가장 공정해야 할 교회 일꾼을 뽑는데 이런 일이 있을 줄은 꿈에도 몰랐다. 그토록 하나님 보시기에 정직히 행하라 했건만 도대체 왜 이런 일이 일어나는 걸까? 사람에게 치우치기 보다는 기도 밖에 없다는 것을 알면서도 마음이 상했다.

이 문제를 놓고 상당기간 기도 한 결과 이런 부정적인 투표에 승복할 수 없다는 결론을 얻어 교육을 시키며 기간을 가지기로 했는데 건축한 집사가 재작년에 전도사로 있던 사람이 목사 안수를 받고 개척한 교회로 나가면서 두 권사들이 따라 나갔다. 그 전도사가 일 년 있는 동안 난 그를 믿고 뉴질랜드 집회로 필리핀 집회로 또 국내에서도 집회를 다녔고 필리핀 집회 후에는 보름간이나 병실에 누워 있었다. 그런데 그 기간에 압살롬이 백성들의 마음을 빼앗듯이 성도들의 마음을 빼앗아 자기 사람으로 만들고 특히 권사들과 계속 접촉하면서 그동안 그렇게 목사의 말을 무시하며 지내다가 교회를 개척하자 그 쪽으로 간 것 같았다.

난 참 어리석은 사람이다. 왜 이렇게 당하고만 살까? 때로는 나 자신에게 화가 나고 교회와 성도들에게 미안하다. 이렇게 당하기만 하는 나를 그래도 기도하면 주님께서는 꾸짖지 않으시고 위로를 주시니 그저 주님만 보며 살아간다. 그런데 나이 탓인지 마음이 상한 탓인지 몸도 마음도 아픈 곳이 많아져서 툭하면 병원신세다.

한 열흘 입원하여 치료받고 병원에서 돌아온 다음날 건축한 집사 부인 권사로부터 병원에 입원하셨다는 말을 들어서 문병 가려고 어느 병원인지 몰라 전화를 한다는 전화가 왔다.

그리고 어제는 건강원에서 배와 더덕 그리고 은행을 넣어 짠 배즙이라고 한 상자 가지고 와서 그 권사가 보냈다고 했다. 받아 놓고

멍하니 앉아서 이것을 보낸 권사를 생각해보았다. 본바탕이 착한 사람이다. 험하게 주먹 쓰며 권모술수에 능한 남편과 오랜 세월 같이 살아오는 동안 어찌 그만 순수할 수 있겠는가? 안타까운 생각이 들어 짧은 순간이나마 간절히 기도하고 있는데 내 속에서 한 가닥 미움 같은 연기가 솟아오르며 자기 마음 조금이라도 편하고자 보냈다는 못된 생각이 들어서 고개를 저어버렸다. 그리고 가장 그와 사이가 좋았을 때를 떠 올리며 전화를 했다. 고맙다고,

그리고 나는 병 주고 약 준 그가 병만 주고 약도 주지 않은 사람보다 얼마나 착한가를 생각하며 잘 먹기로 했다.

"돈을 사랑함이 일만 악의 뿌리가 되나니 이것을 사모하는 자들이 미혹을 받아 믿음에서 떠나"(딤전6:10절)라는 말씀이 그에게 임하여 안타깝다. 또한 어리석어서 돈 잃고 사람 잃은 나 자신이 한심했다.

그리고 며칠 후 그 권사에게서 세무서에 제출할 기부금 영수증을 해 달라는 전화가 왔다. 무심코 얼마를 해주면 좋겠느냐? 고 물었더니 상당히 많은 액수를 요구했다. 그들이 헌금한 내력을 살펴보니 그가 해달라는 액수의 절반에도 미치지 못했으나 근사치로 맞추어 해주고 나서야 생각해보니 난 또 당했다는 생각이 들었다.

수 없이 당했건만 어리석어서 또 당했다.

그들이 떠나고 금년 첫 주 설교시간에 난 나의 잘못을 성도들에게 솔직히 고백했다. 내가 계약서를 작성하지 않아서 교회를 어렵게 한 잘못과 그랬을 지라도 돈을 가져간 집사를 더 사랑하고 품었어야 했

는데 그렇게 못해서 교회를 나가게 했으니 이 또한 나의 잘못이라는 것을, 그러나 이제 우리 모두 미움이나 원망에서 벗어나 일어나 빛을 발하자는 설교를 하면서 나도 새 힘을 내리라 다짐했다.

그리고 만약에 지금 또 교회를 건축해야 할 일이 생겨서 같은 상황이 된다면 이제 경험했으니 '계약서를 철저히 작성하고 속지 않을 수 있을까?'를 생각해 보았다. 그런데 자신이 없다. 이렇게 당하기만 하고 살면서도 마음 한 구석에서 이번이 마지막이야, 다시는 어리석게 정에 끌리지 말자 다짐하지만 내 성격상 난 또 당할 수밖에 없는 존재라는 사실을 부인할 수 없다.

이런 어리석은 목사와 같이 하는 성도들이 안타까워서라도 좀 똑똑해 졌으면 좋으련만 똑똑해질 가능성은 없고 오히려 시간이 갈수록 교회의 재정을 빚더미 위에 올려놓고 떠나간 사람의 마음을 헤아리게 된다. 그가 만약에 교회를 떠나지 않고 이 교회에 계속 나온다면 재정적인 어려움을 보면서 양심의 가책을 느껴 어떻게 견기겠는가? 떠났어도 더 이상 교회에 흠집을 내어 범죄하지 않기를 기도하게 된다.

쓸데없이 오지랖만 넓은 척.

여자 목사로 산다는 것

노회에 다녀왔는데 입이 씁쓸하다. 뭔가 뒤통수를 호되게 얻어맞은 듯 하고 가슴에서 작은 분노가 치민다.

며칠 전 노회 임원으로부터 전화를 받았는데 이번 정기 노회에 성찬식을 집례해달라는 것이었다. 처음으로 노회에 출석하는 사람이라 사양했으나 신설되는 노회로 노회원들이 아직 경험이 부족하니 부탁한다는 말에 여자 목사들이 많다는 말을 들었던 터라 후배 여자 목사님들에게 작은 힘이라도 될 것 같아 승낙하고 참석하여 개회예배 순서지를 보니 축도가 끝난 후에 성찬식을 2부 순서로 넣었는데 성찬식에도 설교를 해야 했고, 축도까지 넣어 당황했으나 처음이라 그러려니 하고 성찬식을 마쳤다.

모임을 가진 교회가 여자 목사님의 교회로 노회 임원들도 여자 목사님들이 많았고 노회장은 젊은 남자 목사님인데 재치와 진솔함에 분위기가 화기애애했으며 깨끗하고 전망 좋은 교회에서 최선을 다하여 섬기는 모습이 아름다워 처음으로 만나는 사람들인데도 서먹함이 없이 금방 친숙함을 느끼게 했다.

예배 후 총회에서 부총회장님과 임원 몇 분이 오셔서 신설 노회를 축하해주시는 시간을 가졌는데 그 후에 총회에서 거금을 들여 총회관을 건립하고 있으니 모두 한 마음으로 동참해주기를 바란다며 헌금 액수를 작정하라고 백지를 돌렸다. 내 교회의 어려운 형편을 생각하면 작정할 수 없었으나 소속된 총회관을 건립하는데 작은 힘이라도 보태리라는 심정으로 3년 동안 매달 헌금을 드리기로 하고 나름대로 큰맘 먹고 작정했다. 그리고 동참했다는 생각에 감사한 마음을 가지고 노회의 회무 처리에 들어가서 임원 선출을 하는데 갑자기 노회장이 총회에서 여자 목사들은 임원으로 선출하지 못하도록 결정이 내려졌으니 어쩔 수 없이 남자 목사님들로 임원을 구성하고 노회 내부에서는 여자 목사님들이 일을 하자고 했다.

그 말을 듣는 순간 뒤통수를 한 대 얻어맞은 듯 어안이 벙벙하더니 가슴에서 화가 치받쳐 올랐다.

여자 목사를 총회에서 받기로 결의되었으니 오라고 할 때는 한 마디 말이 없다가 막상 총회를 개방하여 많은 여자 목사들이 영입되고 총회 관 건립 헌금까지 작정들 시킨 후에는 뒤 구석에 앉아 구경이나 하란 말인가?

여자 목사님들의 눈치를 보니 다들 얼굴이 붉으락푸르락하며 분개하고 있으면서도 누구하나 발언을 하지 않았다. 세상 말로 성질 급한 사람이 밥값 먼저 낸다고 별 유익도 없는 정의감이 발동하여 가만히 앉아 있을 수가 없어서 이런 처사는 부당하다는 것을 설명했다. 노회원 대부분이 여자목사고 현재 임원들도 여자가 많은 탓인지 노회장도 총회의 결정이 부당함을 인정했으나 총회 결정이니 따르지 않을 수 없다는 식이고 막상 여자 목사님들도 모두 묵묵부답이었다.

그러나 난 노회에서 임원을 할 사람이 아니기에 후배들을 위하여 더 당당히 말 할 수 있었다. 내가 목사 안수를 받을 때만 해도 여자 목사에 대한 편견이 심해서 가는 곳곳마다 무시당했기에 실력을 갖추어 무시당하지 않으려고 더 많은 책들과 씨름을 했고, 지금도 여교역자들이 모이는 곳의 강단에 설 때면 내가 항상 부르짖는 말이 실력을 갖추라는 말이 되어버렸다. 그렇다고 내가 실력이 탁월한 것도 아니고 여전히 부족하고 미련하지만 노력하는 나를 하나님께서는 낮추지 않으셨다.

그러나 이번 총회의 처사는 여자 목사들을 무시하고 기만하는 것이라고 밖에 달리 이해할 수가 없었다.

내가 다른 여자 목사님들보다 편협한가? 다들 참고 있는데 왜 나만 이럴까? 여자 목사님들을 임원으로 쓴다고 해도 난 노회임원이 될 마음이 조금도 없는데, 그래도 화가 난다. 이건 너무 오랜 세월동안 성(性)없는 영혼을 위해 하는 거룩한 일에 "여자"라는 성차별로 당해온 아픔이 잠재해 있기 때문일까?

뒤돌아보면 참으로 많은 아픔을 느꼈다. 십년 전 면목동의 감리교회에서 장로 장립과 권사 임직을 하는데 나에게 권면의 말씀을 부탁

했다. 시동생이 권사로 임직 받는 날이기도 해서 어차피 가야 할 입장이라 당회장 목사님의 말씀에 순종하리라는 마음으로 참석했다. 교회가 생각보다 크고, 감리교 유명하다는 목사님들이 많이 오셨는데 일찍 여자목사를 용납한 교단이라 여자 목사가 몇은 있을 줄 알았으나 없었고 시골구석에서 올라간 촌 여자가 강단에 오르자 훌륭하신 목사님들께서 "뭐 이런 여자가 다 강단으로 오느냐"는 듯이 이질감을 느끼게 했다. 분위기가 얼마나 쌀쌀한지 내려오고 싶었으나 주님의 일이기에 잔뜩 긴장된 상태로 권면의 말씀을 몇 마디 하는데 갑자기 어떤 중년 여자 분이 벌떡 일어나더니 가슴에 손을 대고 "할렐루야, 권면 말씀 듣는 중에 제 심장병이 나았어요. 십 오년이나 심장병으로 고생했는데,"하며 울음석인 감격을 토했다. 무슨 병 고치는 기도를 한 것 도 아니고 더군다나 오랜 시간 행사가 이어져서 다들 지루해 하는데 말씀을 증거하거나 시간을 많이 가진 것도 아니고 그저 몇 마디의 권면 속에서 병이 치유된다니 이해할 수가 없었으나 그 순간 성령께서 내가 주눅 들어있는 모습을 불쌍히 여기사 역사해 주신 듯 분위기가 숙연해지고 교회가득 뭔가 쉽게 설명할 수 없는 엄위가 흘렀다.

그리고 그 행사가 다 끝났을 때 그녀는 나에게로 달려와 나를 끌어안으며 흐느꼈다. 그 후 그렇게 얼음처럼 쌀쌀하던 목사님들이 내게 손을 내밀어 어느 교회에 시무하시느냐는 질문들을 해왔고 서로 의자를 당겨주며 앉으라고 권했다.

하나님께서는 이렇게 미련하고 부족한 여자에게 귀한 사명을 주고 쓰시는데 아직도 남존여비 사상에 젖어있는 상당수의 남자 목사님들이 여자 목사님들을 무시하고 기만하다가 주님 앞에 갔을 때 무어라 말할까?

훗날 여자 목사님들은 이런 고통을 겪지 않고 마음껏 목회하고 활동하는 때가 오겠지, 그날을 위하여 난 총회장님과 증경 총회장님께 그리고 총회 헌법을 주관하는 목사님께 이 문제를 제기 하리라, 내가 잘났거나 똑똑해서가 아니고 나를 이렇게 쓰시려고 하나님께서 그분들과 친교를 갖게 하셨는지 누가 알겠는가.

오늘 밤에도 잠은 수만리 먼 곳으로 가버리고 책과 다육식물과 놀다가 주님을 몇 번 부르면 날이 새겠지.

오래 남을 감동

주일 오후에 후배 목사님 교회에서 제직 세미나를 인도하고 돌아오다가 교통사고를 낼 뻔 했다.

막 골목길을 빠져나와 삼거리에서 우회전으로 돌아오는데 갑자기 대형 벤츠가 일차 선으로 핸들을 확 꺾더니 다시 내 차선 앞을 가로막아 길가에 차를 세웠다.

얼마나 놀랐는지 짧은 순간에 만감이 교차했고, 부들부들 떨리기까지 했다.

백미러를 보았을 때는 뒤에나 옆에 차가 없었는데 아마도 너무 가까이 있어서 보이지 않았던 것 같은 생각이 들었다. 아무튼 내 잘못이 분명하니 어떻게 사과를 해야 할까?

저런 고급차를 타는 사람은 아주 부자 이거나 건달이라는 말이 생각났다. 어떤 사람이건 이제 한바탕 곤욕을 치르겠구나, 마음을 굳게 먹고 가까이 갔으나 금방이라도 뛰어 나와서 소리 칠 것으로 생각했던 내 생각과 달리 사람이 나오지 않았다. 더욱 불안해져서 한 발 더 가까이 다가가 "죄송합니다."하고 고개를 숙이자 자동차 유리문이 내려오는데 갓 스무 살을 넘긴 것 같은 청년이 새하얗게 놀란 얼굴로 쳐다보았다.

"얼마나 놀라셨어요? 왜 그렇게 가까이 오는 것을 보지 못했을까요? 놀라게 해서 정말 미안합니다."

나의 진심담긴 사과에 청년은 빙그레 웃음을 지으며 "사고 안 났으니 괜찮습니다."하고 오히려 나를 위로 하더니 "안전운행 하십시오."하며 놀란 얼굴이 풀리기도 전에 가는데 그 순수한 청년의 모습은 차원이 다른 세계에서 곱게 자란 귀공자 같이 보였다.

그 청년이 떠나고 나서도 난 운전대를 잡고 한참을 생각했다. 모진 비바람을 맞으며 살아야 했던 나는 내 자녀를 저토록 순수하게 키우지 못했다. 정직하게 키우기 위해서는 노력을 했어도 오히려 강하게 키우는데 주력했던 것 같아 부끄러운 생각이 들었다.

그 청년은 바람 없는 온실에서 부족함 없이 갖추어진 영양을 흡수하고 자라난 꽃 같다고나 할까? 그 향기에 취해서 이 글을 쓰는 내내 많은 생각을 하게 되었다.

그리고 몇 년 전 오클랜드 거리에서 부딪쳤던 아가씨 얼굴이 청년의 모습과 나란히 떠오르는 것은 무엇 때문일까?

몇 년 전 뉴질랜드에 집회를 갔을 때 이야기다. 담임 목사님과 같이 오클랜드 시내 구경을 갔었는데 어느 가게 앞을 지나다가 발이 삐끗해서 지나가던 아가씨를 넘어뜨릴 뻔 했다. 더군다나 그 아가씨는 몸이 자유롭지 못해 다리를 약간씩 절며 가던 아가씨인데 하필 그 아가씨 쪽으로 쓰러지려 해서 가까스로 몸을 일으키며 미안하다는 표정을 짓자 그는 상냥하게 웃으며 오히려 자기가 미안하다고 아이 엠 쏘리(Iam sorry) 익스큐즈 미(Excuse me)를 계속하는데 그 표정이 하도 맑고 깨끗해서 마치 천사가 나타나지 않았나 싶은 생각이 들 정도였다.

자기의 장애를 무릅쓰고 타인을 배려하는 마음, 내게 잘 못한 사람을 감싸고 위로하는 이 넉넉함이야말로 선중에 선이며 하나님의 마음 같다는 생각이 들었다.

많은 사람으로 북적거리는 도심 한복판에서 만난 장애인 아가씨와 오늘 만난 이 청년에게서 느끼는 이 흐뭇함으로 세상이 밝아지는 것이 아닐까?

칠십 평생을 살아온 나는 나에게 잘 못한 그 어떤 사람에게 잊지 못할 고운 마음 베풀어 보았던가? 아니 누군가의 마음속에 깊이 남을 만한 행동을 해본 적이 있었던가?

해맑은 젊은이들의 사려 깊은 선행으로 기쁘고 감사한 마음이 드는 한편 나 자신이 마냥 부끄럽기만 하다. 나이가 들어갈수록 노하우가 생겨 넉넉해지고 관용을 베풀면 좋으련만 오히려 뭔가에 쫓기듯 초조해지고 자기 방어에만 날카로워 지는 것은 무엇일까?

내 필요만 생각하고 남에게 피해가 될 수 있는 운전은 계속 해도 되는 것일까?

운전대 잡을 때마다 내 힘으로 안전운행 할 수 없음을 고백하며 지켜주시라고 했던 기도를 이제는 바꾸어야겠다. 나 때문에 다른 사람이 피해 입거나 놀라지 않도록 해 달라는 기도로,

흐뭇함과 자책이 공존한 하루의 삶이 고요히 저무는 깊은 밤, 한날의 삶이 유난히 긴 것 같은 생각으로 이런 시를 써보았다.

좋은 향기

코를 통해 전해지는 향기가 아니어도
마음으로 젖어드는 향기가 좋습니다.

달콤하게 들어오는 향기가 아니어도
말에서 풍겨지는 향기가 좋습니다.

라일락처럼 진한 향기가 아니어도
은은히 파고드는 향기가 좋습니다.

같이 있을 때 풍기는 향기가 아니어도
떠난 후 그리워지는 향기가 좋습니다.
먼- 훗날까지 두고두고 맡고 싶은 향기가 좋습니다.

운전하신 주님

며칠 전에 한국복음화운동본부의 월례회에 참석한 후 아들네 집에 밑반찬을 주고 오려고 묵은 김치, 새 김치 등을 바리바리 싸들고 집을 나섰다. 마침 딸아이가 동생네 집에 가겠다고 해서 딸아이와 손자, 손녀를 태우고 신바람 나게 서울로 향했는데 막 고속도로에 들어가서 며칠 전 문자로 받은 주소를 네비게이션에 입력시키고자 휴대폰을 찾았으나 보이지 않았다. 다시 돌아가서 가지고 올 수도 없고 그렇다고 그냥 무턱대고 서울을 향해 갈 수도 없는 난감함에 진땀을 흘리는데 마침 딸아이 폰에 친한 목사님 전화번호가 있어서 겨우 목적지를 입력시켜 갈 수 있었다.

논현동 좁은 골목길을 요리조리 통과하여 도착하자 딸아이는 엄마 월례회 끝날 때까지 기다릴 수 없다고 며느리에게 전화를 했던지 며느리가 차를 가지고 와서 딸과 손주들을 픽업해가고 나는 마음 놓고 예배와 회의를 마치고 나왔는데 아뿔싸, 내 핸드폰만 없는 것이 아니라 내 머릿속에 아들이나 딸의 전화번호가 하나도 입력돼있지 않았다. 그렇다고 아파트를 아는 것도 아니고 희미하게 그저 어느 동네라는 것만 알뿐, 이사할 때 한번 간적이 있었으나 기억이 없고 막막하기 그지없었다.

서울에서 십 여 년 이상 살면서 많이 다니던 길목의 동네이긴 한데 논밭이던 곳에 고층 건물들이 들어서서 그 동네까지 가는 것도 분명치가 않았다.

좁은 골목에 가까스로 주차를 했으니 오래 있을 수도 없는 형편인데 그렇다고 딸을 두고 혼자 갈수도 없고 막연히 운전대를 잡고 주님을 불렀다. 그런데 갑자기 아파트 이름 하나가 떠올라 네비에 입력했더니 위치상 아들이 사는 곳인 것 같아 그 아파트 까지는 갔으나 주차장이 지하로 되어 있어 각 동마다 입구가 다른지 동을 입력시켜야 했다. 다시 "주님 어찌해야 합니까?"를 두런거리자 422라는 동으로 눈길이 끌려 그 동으로 입력한 후 따라갔다.

아파트 까지는 잘 왔는데 입구에서 또 외부 차량을 출입시키지 않으니 호수를 대야 하는데 뒤에서 차는 빵빵거리고 어찌할 바를 모르다가 그저 입에서 나오는 대로 호수를 입력하자 통과됐다. 그러나 막상 주차장에 들어가서도 또 출입문에서 들어갈 수가 없었다.

전화만 있다면 단 한 가지도 어려울 것이 없을 것을, 아니 휴대폰이 없었던 예전처럼 머릿속에 전화번호가 입력되어 있었다면 아무것도 아닌 것을 사람이 이렇게 편리함의 노예가 되어있구나 하는 생각을 멍청하게 하고 있다가 아까 주차장에 들어올 때 입력했던 번호를 눌러 보았더니 문이 열려서 막연히 그 호수로 찾아가 벨을 눌러 보았다.

"어 어머니 일찍 오셨네요."

며느리가 반갑게 맞으며 눈이 휘둥그래졌다.

"근데 어떻게 찾아 오셨어요? 전화를 안 가지고 오셨다고 언니가 걱정하던데."

"글쎄 나도 모르겠다. 어떻게 왔는지"

그날 밤 아들은 아들대로 딸은 딸대로 '우리 엄마 대단하시다, 아직 안 늙으셨다'는 칭찬을 받고 밤늦게야 출발하여 돌아오는데 고속도로 위에 안개가 순간순간 몰아쳐서 쌍라이트를 켜도 차선이 보이지 않을 정도였다. 평소에 두 시간 반이면 되는 길을 세 시간 반이 넘도록 고속도로 위에서 안개와 싸우다 돌아와 누웠으나 긴장했던 탓인지 잠은 멀어지고 지난 하루 일정을 곰곰이 생각해보니 마음 한편에서 "그래, 아직은 그래도 좀 쓸 만하구나, 나이 칠순이 다 됐는데도 건강하게 다닐 수 있으니,"하는 교만이 고개를 들었다.

밤을 꼬박 새우고 새벽기도를 인도한 후 주님 앞에 무릎을 꿇고 형식적으로 "주님 감사합니다. 지켜주시고 인도해주시고……. 운운" 할 때 갑자기 "네가 대단하니? 운전을 누가 했는데, 넌 내 차에 타고 다녔을 뿐이란다."하는 음성 같기도 하고 느낌 같기도 한 깨달음이 왔다.

그랬다. 내 힘으로 도저히 찾아갈 수 없는 아들집으로 나를 이끌어

가셨고 그 안개 자욱한 고속도로에서도 주께서 친히 붙들어주셨는데 내가 뭘 한 것처럼 속으로 우쭐대던 못난 내가 얼마나 부끄러운지 가슴을 치며 울고 회개했다.

그리고 그날 밤 꿈이었다.

어딘지도 모르는 길을 가는데 가다가 길이 끊어졌다. 다시 길을 찾아야 하는데 사방을 둘러봐도 길이 없어서 논둑을 지나 밭두렁으로 산길을 헤매다가 옷은 가시나무에 찔려 헤어지고 지칠 대로 지쳐 주저앉으려는 순간 멀리서 보이는 작은 불빛들을 보고 겨우 마을을 찾아 갔는데 그곳에서 내가 가야할 집까지의 거리가 너무 멀어 도저히 걸어 갈수도 없고 그렇다고 교통편이 어떻게 되는지도 몰라 큰 도시로 나가면 내 집이 있는 곳으로 갈수 있을 것이라는 생각을 하고 무조건 서울이나 대전을 향해 가는 교통편을 물어보고 있는데 어떤 사람이 "저분이 태워다 준다니까 기다려"하며 어떤 청년을 가르쳤다. 너무 반가워 그 청년을 바라보니 아무 말 없이 나를 바라보는 청년의 눈빛에 긍휼과 사랑이 가득한 주님이셨다. 주님을 보는 순간 내 모든 고통은 말끔히 씻어지고 주님과 둘이 차타고 갈 그 황홀한 기대감만 가슴 뿌듯한 채 잠을 깨었다.

오 주님!

나의 남은 인생길도 주님께서 운행해 주시옵소서.

눈으로 주님모습 뵙지 못할지라도 꿈속에서라도 보여주시고 깨닫게 해 주시는 주님, 주님과 같이 있음으로 난 행복하고 행복합니다. 난 진정행복자입니다.

굿바이 한빛교회여!

개척하여 18년이 되었다. 15평짜리 지하실에서 개척하여 1년 후 같은 건물 2층으로 이전을 했고 또 4년 만에 대지 200평에 건평100평짜리 2층집 식당 건물을 구입했고 그로부터 3년 후 옥상에 새로 교회를 짓고 전면 리모델링하여 교회로써의 면모를 갖추어 성장해 가는 동안 우여곡절이 많았다.

언제까지나 같이 할 줄 알았던 개척 멤버들이 전도사와 결탁하여 교회를 분열시켜 남은 성도들과 나는 많은 아픔들을 겪기도 했고, 그 이후 부족한 나는 목회의 열정이 식어 교회를 떠나려고도 했었다.

그러나 하나님은 응답하지 않으셨고 남은 성도들을 보면 죄를 짓는 것 같은 생각이 들어 열정 식어진 목회자로 몇 년을 지내는 동안 나의 몸과 마음이 늙어 정년퇴임을 할 시기가 되었다.

총회법이 목회자의 정년을 칠십 오세까지로 규정했으나 나 자신이 열정 없는 목회자로 그때까지 채우고 싶지 않아 후계자로 모실만한 목사님들을 2년에 걸쳐 여러분들을 모셔 설교를 들어보고 물색했으나 마땅한 분이 없었다.

목회자가 말씀을 어떻게 선포하는가가 중요하다는 생각에서 설교를 들어보았으나 그보다 더 중요한 것은 목회자의 인품이었다. 무엇보다도 내가 부족하여 많은 환란을 통과하며 상처받은 성도들을 따뜻하게 포용할 수 있는 목회자를 모시고 싶은 생각에 기도하던 중 부흥사 대학원에서 만나 4년의 세월을 같은 차타고 다니며 공부하고 부흥사협회에서 20여 년간 같이 일 해온 인품 좋고 훌륭한 목사님과 교회를 합병하여 목사님을 모시고 나는 원로로 물러나기로 뜻을 모았다.

그리고 두 교회의 이름을 모두 배제하고 교회 이름을 두 교인들에게 공모하여 새 이름을 지어 8월 15일 광복절을 기해 두 교회가 연합하는 합병 예배를 하기로 하고 '한빛교회'라는 이름의 마지막 주보를 제작하는 날 밤 한빛의 소식란에 "이제 이 주보를 끝으로 한빛교회 주보는 고요히 막을 내립니다."라는 문장을 타이핑하다가 왈칵 눈물이 쏟아지면서 지난 18년 동안 한빛교회를 통하여 하나님께서 내려주신 은혜와 내가 부족하여 교회를 어렵게 만든 일들이 밀려와 한동안 울지 않을 수 없었다. 가까스로 마음을 다잡고 주보를 완성시켜 주보 철에 끼우는데 또 그동안 모아온 이 한빛교회 역사를 나 혼자 간직해야 할지 후임 목사님이 받으실지 모르겠다는 생각을 하게 되자 또 눈물이 솟았다.

그리고 며칠 후 "꿈대로 되는 교회"로 간판을 바꾸는 날 손녀딸이

"할머니 눈물 나요."하며 훌쩍거리는데 체인지 하려고 떼놓은 낡은 간판의 초라한 모습이 마치 내 모습 같이 느껴져서 "울지 말거라, 세월이가면 모든 것은 낡아지고 결국은 사라진단다."라고 누구에게 인지도 모를 말을 하고 돌아섰다.

그리고 그날 밤 날씨가 너무 더운 관계로 8월 한 달 동안 금요철야를 쉬기로 했는데 청년들 소리가 시끌벅적하여 1층으로 내려갔더니 청년들이 주관해서 "굿바이 한빛교회"라는 플래카드를 걸고 꽃바구니며 케이크까지 준비해놓고 안수집사님과 권사님, 그리고 집사님들까지 모여서 박수를 치며 나를 중심으로 앉아서 한빛교회의 마지막을 장식하자는데 청년 중 연장자 되는 슬기가 이런 글을 써서 동생에게 낭독하도록 했다.

"오늘 우리는 한빛교회라는 이름 안에서 보낸 시간들을 기억하기 위해 모였습니다.

한빛교회 안에서 만난 수많은 인연들, 교회 안에서 태어나 자란 아이들, 떠나간 사람들, 주님 품에 안긴 이들, 모두를 추억하며 순간순간을 생각해 봅니다. 기쁜 순간, 슬픈 순간 모두 주님 안에서 주님이 허락하신 한빛이라는 이름 안에서 함께 울고, 웃으며 보낼 수 있어서 행복했습니다.

한빛교회는 오늘로써 18년간의 막을 내립니다. 그리고 한빛교회는 이제 "꿈대로 되는 교회" 안에서 새롭게 제2막을 올립니다. 꿈대로 되는 교회는 한빛교회의 끝이 아니라 한빛교회의 새로운 시작입니다. 모든 성도가 서운하고 먹먹한 마음의 무게는 제가 감히 다 알 수 없지만 꿈대로 되는 교회에 그 무게를 더해 새로운 교회의 무겁고 든든한 기둥이 되어 주실 줄 믿어 의심치 않습니다.

그동안 한빛교회라는 울타리 안에서 어리숙한 양들을 위해 힘써주신 우리 정명희 목사님 감사합니다. 목사님과의 모든 순간이 행복했습니다. 한빛교회 안에서 여러 영혼들의 처음이자 또 마지막 목사님이 되어 주셔서 감사합니다. 앞으로도 저희와 오래 함께 해주시고 함께 행복해 주세요.

이제 우리는 꿈대로 되는 교회라는 새로운 울타리 안에서 믿음으로 더 성장하기 위해 노력하겠습니다.

한빛교회의 마지막을 함께 해주셔서 감사합니다.

한빛교회 모든 성도님들과 목사님 사랑합니다."

이글을 낭독한 후 쭉 돌아가며 한마디씩 한빛교회를 보내면서 하고 싶은 말들을 하는데 집사님 한 분이 "목사님은 늙지 않으실 줄 알았어요."하며 말끝을 흐려버리고 우는데 모두 눈시울을 닦았다. 교회를 금방 떠나는 것도 아니고 원로로 같이 한다는 것을 알면서도 이렇게 서운하게 생각해주는 귀한 성도들의 사랑에 나는 또 다른 감동의 눈물이 핑 돌았다.

그리고 우리는 그 밤 한빛교회를 고요히 묻어버리고 새로운 꿈대로 되는 교회와 우리가 새로 모실 귀한 목사님을 통하여 주실 말씀에 새 희망을 걸기로 다짐했다.

"한빛교회여! 영원히 안녕."하며.

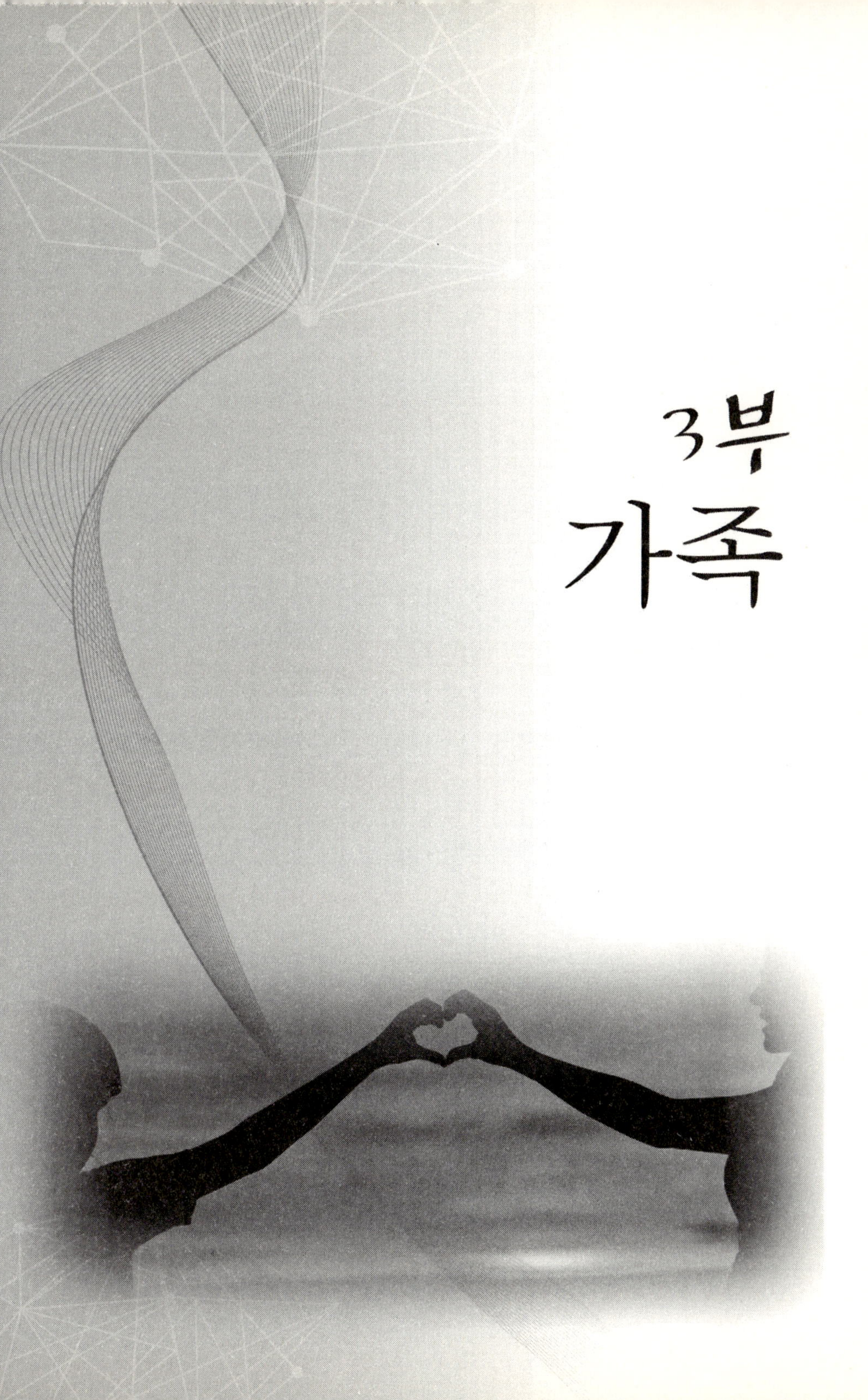

3부
가족

의식의 뒤안

초등학교에 입학할 딸을 데리고 미장원에 갔었다. 의자에 앉아 머리를 맡기고 있던 아이가 곁에 있는 파마기구를 만지며 "엄마 나 이것 좋아해"라고 했다.

머리를 자르던 미용사가 "냄새나는 파마기구를 좋아하는 어린이도 있네, 다들 싫어하는데"하며 신기하다는 듯이 '이것이 왜 좋으냐?'고 물었다.

그 말을 들은 딸아이가 "몰라요. 그냥 좋아요"라고 대답하더니 자꾸 파마기구에 손이 간다.

왜일까?

아이가 태어나 백일을 지나 한참 예쁠 무렵부터 내가 바쁘고 지친 상태로 힘들어 하자 아래층 미장원 아가씨가 날마다 아이를 데려다가 미장원에서 놀았다. 그리고 걸음마를 하기 시작하여서는 이제 제 발로 미장원을 찾아가 놀기 시작해서 두 돌이 가까운 기간까지 파마기구를 가지고 놀기도 하고 미장원집 딸처럼 자랐는데 아마도 그 어릴 적 기억 때문에 파마기구가 친숙하게 느껴지는 것 같았다.

그래서 무심코 "너 파마기구 가지고 놀던 기억나니?"라고 물어보았는데 "그랬던 것 같아요."라고 했다.

"그럼 그 미장원 이모는?"

짓궂은 내 질문에 딸아이는 "이모? 몰라요"하면서도 연신 파마기구만 만지작거렸다.

두 돌전의 일을 아이가 기억할 수는 없어도 그 아이의 의식 속에 희미하게 파마기구가 놀이 감이었던 친근함이 존재하고 있음을 느꼈다.

그렇게 파마 기구를 가지고 놀았던 딸이 결혼해서 동산만한 배를 뒤뚱거리며 어미 품을 찾아 해산 하려왔다.

커다란 집에 늙은이 둘만 덩그렇게 살다가 배불뚝이 딸과 덩치 큰 사위가 들어와 해산을 기다린 지 달포가 지나자 진통이 시작되었고 딸은 자연분만을 하겠다고 극심한 고통을 이틀이나 견디었는데 분만의 순간이 다가오자 간호원 들의 지나친 내진을 견디지 못하고 수술을 택하게 되었다.

"응애……."

수술실에서 들려오는 아기의 첫울음 소리와 함께 축하의 노래가 울려 공주탄생을 알려 주는데 그 기쁨이 어찌나 감격스럽던지 나도 몰래 눈시울이 뜨거웠다. 그리고 십 여분 후 수술실에서 나온 딸이 회복실에 도착하자 울음을 터뜨렸다.

"엄마, 죄송해요. 오빠도……."

"괜찮아 잘했어 딸이 아주 예쁘고 야무지다."

그렇게 달래 보았으나 "난 엄마 될 자격도 없나 봐요. 수술하고 말았어,"하더니 한참을 울었다.

해산 후 여자들이 겪는 작은 허무감을 느끼는구나, 생각하면서도 해산의 고통 속에서도 자신의 인내심 부족을 자책하는 것 같아 안쓰러운 마음으로 달래는데. 갑자기 손발이 싸늘해지면서 떨기 시작했다. 이불을 몇 개나 덮어주고도 발은 사위가 감싸고, 손은 내가 감싸며 우리는 땀을 흘리는데 딸의 이빨 닿는 소리가 어미 가슴의 애간장을 녹이는 것 같았다. 당직 의사는 피를 흘리고 차가운 '링거 액'이 들어가니 일시적인 현상으로 이삼십 분 후면 괜찮아진다고 대수롭지 않게 말했으나 세 시간이 지나도 그치지 않는 딸의 떨거지현상은 진통의 고통 못지않은 고통이었다.

딸아이의 마음을 편하게 해주면 그칠 것 같은 생각이 들어서 "이제 고통은 다 끝났어, 예쁜 공주가 엄마를 기다리고 있을 테니까 아무 걱정 말고 한숨 자도록 해보자." 하며 싸늘한 이마와 얼굴을 쓰다듬었다.

그러자 딸아이가 "노래 불러주세요."라고 주문을 했다.

사위 눈치를 보니 계면쩍은 표정으로 고개를 돌리며 발만 연신 주무르고 있어서 "엄마가 섬 그늘에 굴 따러 가면……."하고 어린 딸아이를 재울 때 불러주던 자장가를 불러주자 마술처럼 노랫소리를 들으며 떠는 현상이 줄어들더니 2절을 다 부르기도 전에 잠이 들었다. 그리고 손발에 따스한 온기가 돌았다.

사람은 어린 시절의 기억을 일생 간직하고 사는 것 같다. 어쩌면 어릴 적의 기억이 일생을 좌우할 수 있을 지도 모르는 일이다. 요즘 유행하는 "트라우마(trauma)"가 무섭다는 이야기도 이런 맥락이 아닐까? 그래서 가급적이면 아름다운 기억, 좋은 추억을 많이 가지고 사는 사람이 행복한 것이다.

영어로 어머니의 자궁은 'Womd'고 무덤은 'Tomd'라고 한다. 자궁의 W를 T로 바꾸면 무덤이 된다. 자궁에서 태어나면 그 순간부터 무덤을 향해 가는 것이 인생인데 그 짧은 생애 살면서 영존하는 세계를 예비할 수 있다는 것이 인생의 가장 큰 소망임을 오늘 태어난 귀한 손녀도 깊이 깨닫고 자기를 이 땅에 보내 주신 하나님의 뜻을 따라 영존의 세계를 실체로 잘 채색하여 많은 사람들에게 증거 하는 복된 삶을 살기를 바라는 마음으로 기도의 손을 모은다.

또 하나의 엄마와 딸로 이어지는 삶의 아름다운 순간에…….

딸을 보내고

어미 품에 와서 해산한 지 석 달 가까이 있던 딸이 돌아갔다. 손녀딸이 방실방실 웃고 옹알이하며 귀여움을 부려 온 가족의 기쁨이었는데, 세 식구를 보내고 커다란 집에 영감과 둘이 남게 되니 세상이 다 빈 것 같다.

7년 전 아는 사람 하나 없는 필리핀 땅으로 갓 수무살의 어린 딸을 '선교사'라는 이름으로 파송하고도 울지 않았었는데 지금은 듬직한 남편에 귀여운 딸까지 낳았고 손녀딸이 돌아오기를 오매불망 기다리고 계시는 선교사님 부부의 지극하신 배려로 좋은 집도 마련돼 있고 기대에 찬 행복한 모습으로 떠나니 슬플 이유 없이 오직 감사해야 하건만 자꾸 찔끔거리는 것이 늙긴 늙었나 보다.

컴퓨터 앞에 앉으니 딸의 배려가 시야를 또 흐리게 한다. 컴퓨터에 서툰 어미를 위하여 '페이스 북'에 사진 올리기로부터 카메라에서 컴퓨터로 사진 옮기기, 인터넷에 있는 사진 내 컴퓨터로 저장하는 방법 등등을 자세히 설명하여 큼직한 글씨로 뽑아 책상 유리 밑에 넣어

놓았다. 주방엘 가도 바쁜 어미 힘들까봐 구석구석 정리정돈 해 놓았고 욕실엘 가도 깨끗이 청소하려고 노력한 티가 역역하다. 그렇게 어미 신경 쓰다가 오히려 어린 딸의 우유병은 삶아놓고도 그냥 가고, 제 소지품도 빠트리고 간 것들이 눈에 들어와 또 가슴이 뭉클하다.

아직은 학생 부부라서 어린 딸을 남의 손에 맡기고 공부해야 하는데 순간 빠트리고 간 물건들을 챙겨 공항으로 달려가고 싶은 욕망이 솟구쳤으나 내가 공항에 도착할 때까지 비행기가 기다려 주지 않는다는 것을 모르는 바가 아니건만 자꾸만 공항으로 향하는 마음을 다 잡고 딸네 가족이 떠난 빈 방을 치운다.

금방이라도 '엄마'하며 돌아올 것 같은 착각에 빠졌다가 결국 울컥거리는 가슴을 진정시키지 못해 옥상으로 올라가서 실컷 울어버렸다. 그리고는 비행기가 출발했을 시간부터 '지금쯤은 군산항공을 날아가겠구나.', '이젠 제주 항공쯤일 거야.', '지금은 필리핀 항공일까?'를 계속 생각하며 잘 도착했다는 전화가 오기만을 기다리며 밤을 새운다.

'내 어머니는 나를 시집보내고 얼마나 마음이 아프셨을까? 아들 딸 모두 잃고 늙어서 낳은 막내딸 하나 키우는 재미로 사시다가 시집보내신 후 얼마나 눈물을 많이 흘리셨을까?'하는 생각을 하니 가슴이 아리다. 자식 낳아봐야 부모마음 안다더니 정말 그렇다. 나를 시집보내고 눈물 흘리셨을 어머니 나이가 바로 지금 내 나이이다. 그러나 내 어머니에 비하면 나는 행복에 겨운 눈물이다. 내 어머니는 금이야 옥

이야 키운 딸자식마저 시집가서 자식을 못 낳았으니 그 딸을 생각하면 또 얼마나 마음을 태우셨을까? 나에게는 듬직한 아들이 있고 손녀에 손자까지 낳아서 부족함이 없는데도 딸을 보내고 이렇게 마음이 아픈데…….

사십년 세월을 거슬러 내가 어미 되어 딸을 멀리 보내보고야 어머니의 마음을 알 것 같은 이 불효녀를 내 어머니는 그저 사랑하시기만 하시었기에 이토록 진한 그리움에 사로잡힌다. 내가 '딸'이었을 때는 느끼지 못했던 어머니에 대한 그리움에 울고, 딸을 보낸 섭섭함에 울고, 눈이 붙도록 실컷 울고 나니 오히려 머리가 가볍다.

훗날 내 딸도 지금의 나처럼 딸을 보내고 쓸쓸한 심정으로 이 어미를 기억하겠지.

그러나 난 결코 내 어머니처럼 슬픔의 눈물을 흘린 것이 아니라 행복한 그리움의 눈물이었음을 기억해 주었으면 싶다.

석녀가 되어 피눈물 흘리던 내 빈 가슴에 딸이 안겨옴으로 난 행복했고 지금도 다시 만날 날을 기다리는 행복한 엄마란다.

비 내리던 하늘이 맑게 개이고 조각배 같은 초승달이 별과 함께 나와 은은하다.

그 무덥던 기운을 세차게 내리던 빗줄기가 씻어 냈는지 상큼한 하늬바람이 다가오자 또 가슴이 뭉클하다.

내 생에 이별의 아픔은 몇 번이나 있을까? 바보 같은 질문을 혼자

던지며 교회의 불을 켜 새벽을 깨운다. 그리고 사랑하는 딸아이의 행복을 기도하며 조용히 딸에게 메시지를 보낸다.

딸아 부디 행복하렴, 난 내 어머니에게 아픔을 준 딸이었지만 넌 나에게 행복을 준 딸이란다.

때늦은 가슴앓이

책장을 정리하다가 사십 여 년 전에 쓰다만 일기장을 보았다. 아린 삶의 흔적, 결혼을 앞두고 부모님에 대한 걱정으로 밤을 새우며 긁적거린 낙서 같은 넋두리를 읽으며 사십년의 세월을 거슬러 눈이 촉촉이 젖어왔다.

수많은 시간이 흘러 어머니가 나를 시집보내고 외로움과 쓸쓸함으로 한숨 쉬었을 그 나이가 되어서야 그 아픔을 절절이 느끼게 되는 것은 무엇일까? 난 어머니에 비하면 너무나 행복한데, 내 어머니는 자녀들을 먼저 세상 밖으로 보내고 맏딸이 아들을 낳고난 일 년 후에 막내딸인 나를 낳으셨는데 나는 어머니가 막내딸인 나를 낳으신 그 나이에 첫딸을 낳았어도 벌써 손자 손녀가 넷이다. 그리고 또 금년 말이면 외손이 하나 더 태어난다니 행복에 겨운 사람이다.

그런데 어머니는 아들이 없으니 남들 다 데리고 다니는 손자 손녀 한번 않아볼 수 없었고 맏딸마저 먼 경상도 땅에서 혹독한 시어머니 시집살이에 시달리며 살고 있었으니 그 시절 대가족 제도 말기라 남들 손자 손녀 자랑할 때 죽은 아들 생각에 새삼 가슴앓이는 얼마나 심하셨을 것이며 금이야 옥이야 내 이름을 부르기조차 아까워서 "아가"라고 부르시던 딸마저 시집보내고 초라한 두 늙은이만 덩그렇게 남아 있는 집이 얼마나 외롭고 쓸쓸하셨을까?

그 어머니가 흘리셨을 눈물이 새삼스럽게 다가와 일기장을 읽어가면서 몇 번이나 덮었다 펴기를 반복했다.

부모님을 두고 결혼을 일찍 하고 싶지 않아서 그 당시에는 '노처녀'라는 소리를 듣는 스물여섯이 되었는데 딸의 나이가 차자 부모님께서는 또 딸 시집보내지 못하실까봐 노심초사 걱정하시는 모습이 짜증스럽게 느껴졌었다. 그러나 막상 결혼 날이 결정되자 밤마다 부모님 방에서 들려오던 어머니의 한숨소리, 그 한숨의 의미를 알기에 긁적거린 일기다.

결혼 1년 쯤 되었을 무렵 친정에 갔는데 스무 살 남짓한 사내아이가 있어서 머슴이 바뀌었나보다고 생각했더니 어머니께서

"이리 와서 인사해라, 네 누나다." 하시며 인사를 시키셨다.

"엄마, 누군데요?"라는 나의 질문에 어머니는 나를 시집보내고 머슴으로 들어온 갓 스무 살의 아이가 호적이 없다는 소리를 듣자 호적에 올려 아들을 삼았다고 하셨다. 그동안 편지로도 전혀 알리지 않으셔서 어안이 벙벙했다.

어떻게 된 사실인지를 물었으나 부모님 역시 떠돌이 아이를 아는 사람이 머슴으로 소개해주었을 뿐, 아이에 대해서 전혀 알지 못하셨

다. '얼마나 외로우시면 이렇게 하셨을까?'하는 마음에 눈물이 쏟아졌다. 그렇지만 현실은 현실이라 그 아이에 대한 정보를 사방으로 물색해 보았으나 역시 알 길이 없었다.

촐싹거리며 덤벙대는 것은 아직 철이 없어 그러려니 해도, 눈치만 살펴 거짓말 하며 둘러대는 그 아이와 부모님을 두고 돌아가는 발길이 얼마나 무겁던지 또 다른 눈물이 앞을 막았었다. 그리고 몇 개월 후 편지로는 정확하게 알 수 없는 불안감에 다시 집을 찾았을 때 난 깜짝 놀랐다. 내 방에 들어와 내가 즐겨 듣던 레코드판(팝송이 많으니 알아듣지 못하여 화도 났겠지만)을 못으로 모두 긁어놓았고 책들을 찢어 휴지로 쓰고 있었다. 그렇다고 부모님이 아이와 함께 살 생각을 하니 야단을 칠 수도 없어서 울며 겨자 먹기 식으로 못 본체하고 돌아 가야했다.

그 후 일 년 뒤, 그 아이는 부모님이 시장에 가신 틈을 타서 챙길 것들을 챙겨 나가버렸단다. 가진 것 많은 집이 아니니 많이 잃을 것도 없지만 부모님 가슴에 또 하나의 커다란 구멍을 낸 아이였다.

지금도 그는 아버지 호적에 올라있는 아들이고, 몇 년 후 들은 소식에 의하면 서울에 살고 있는데 주민등록에 기록된 우리 집 성씨 외에도 수많은 성과 이름의 소유자라고 했다.

이틀이 지나면 내 아버지의 백 일곱 번째 생신이다. 돌아가신 분의 생일이 무슨 의미가 있을까만, 그래도 이때가 되면 괜히 마음이 아프다. 지금처럼 이렇게 살고 있는 모습을 단 한번만이라도 보고 가셨더라면 얼마나 좋았을까?

어머니는 자신도 아들 없는 고통에 한평생 한숨으로 사셨는데 막내딸마저 자식 못 낳아 고통 하는 모습만 보다가 가셨고 아버지는 외손들은 보셨어도 한평생 직장 없는 남편과 물질적인 고통으로 허덕이며 사는 딸의 모습만 보시다가 가셨다.

때늦은 가슴앓이가 무슨 유익이 있으랴만, 오늘 밤은 부모님 생각이 정말 간절하다. 먼 훗날 내 자녀들은 나를 어떻게 기억할까?

진주목걸이

삼십 년 가까이 당뇨로 고생하는 남편의 뇌가 축소되어 치매 초기 증상을 보이기 시작한지 벌써 몇 년 되었다. 달력을 눈앞에다 두고도 오늘이 며칠 인지를 하루에 대 여섯 번쯤 묻고 오늘이 무슨 요일인지를 또 그렇게 묻는다.

처음에는 같은 대답을 반복하는 것이 귀찮아서 "금방 가르쳐 주었는데 왜 또 물어요? 기억 좀 하고 삽시다."라고 하면 오히려 "공손하게 가르쳐주면 어디 덧나? 내가 언제 물었다고?" 며 반복해서 물어본 것 자체를 기억하지 못하고 섭섭해 하곤 했다. 요즘 들어서는 나도 으레 그러려니 하는 생각에 몇 번을 물어도 그냥 대답해주고, 자기도 자신이 기억하지 못하는 것을 어느 정도 깨달았는지 과격하리만큼 급하던 성격이 한풀 꺾여 오히려 측은한 생각이 든다.

오늘 아침엔 어찌된 일인지 "우리 딸이 시월 말일 날 온다고 했지?"하며 나를 쳐다보았다.

"아니, 어떻게 그걸 기억하세요?"

깜짝 놀란 소리로 되묻는 나를 물끄러미 쳐다보던 남편이 "보고 싶어서."라며 가족사진을 물끄러미 쳐다보았다.

자식이 무엇인지 딸이 다녀 간지 삼 개월도 안 되건만 벌써 온다는 날자는 잃어버리지도 않고 기다리는 남편의 주름진 얼굴에 짙은 우수가 서린다.

안타까운 마음으로 잠시 말벗이라도 해주려고 몇 마디 이야기를 하는데 동료목사님이 밖에서 기다리신다는 전화가 왔다. 요즘은 나도 자동차 키를 손에 들고 찾는가하면 휴대전화는 늘 어디 있는지 몰라 찾고 다니는 일이 다반사다.

전화를 받고서야 오늘 만나기로 했던 약속이 생각나서 허둥대며 준비하고 나가면서 "점심 잘 드시고 손자하고 놀고 계세요."하자 "어디 간다고 했지? 누구랑 가는데?"라 묻는다. 방금 약속을 잊었다고 투덜대며 나갔다 오겠다고 이야기 했건만 또 말을 반복하란다.

"서울 가서 회의하고 저녁에 와요."하며 날이 더워 모시옷을 입고 나오는데 뜻밖에 "왜 진주목걸이 안하고가? 모처럼 큰 맘 먹고 사줬는데, 모시옷에 잘 어울리겠구먼."하며 나를 쳐다보았다.

"예? 진주 목걸이를 당신이 사주셨다고요? 그건 내가 샀지. 당신이 사준 것 아니에요."하고 정색을 하자 빙그레 웃더니 "내가 딸한테 돈을 줬지. 그게 그렇게 싼 것인 줄 알아? 늙어 갈수록 다른 보석은 탐을 안 내는데 진주는 갖고 싶어 하는 것 같아서 거금 투자했어. 당신은 당신이 준 그 돈으로 산 줄 알지만, 내가 딸한테 말하지 말라고 해놓고 내가 말했네,"하며 목걸이를 하고 가라는 것이었다.

목걸이를 꺼내서 목에 걸며 난 콧등이 찡해옴을 느꼈다.

분명히 바기오의 백화점에 딸과 같이 갔을 때 내가 돈을 주었고 딸이 사줬는데 이제 생각해보니 딸이 가진 돈이 달러와 페소라서 난 그 돈의 액수를 알지 못했고 어쩐지 직원들이 모여들어 수근 대며 소중히 다루던 일이 기억된다. 그리고 딸은 갑자기 부르조아가 된 기분이라며 빨리 나가자고 재촉하여 구경도 못하고 돌아 나왔었다. 그러나 난 알이 너무 굵어 부담스럽기도 하고 무거워서 한번 걸고 외출한 외에는 은밀히 보관만 했었고 그 한 번의 외출에서 어는 목사님이 너무 좋다고 자꾸 쳐다보시기에 내가 낸 돈의 액수를 말하며 '갖고 싶으면 그 돈만 주고가지'라고 했었다. 난 다시 필리핀에 가면 살 생각으로, 그러나 그분이 사양해서 지금껏 내게 있었는데 만약에 그 목사님이 가져 가셨다면 남편은 평생 자신이 비밀로 했던 것을 후회했을 것이다.

그날 이후 남편은 내가 모시옷을 입을 때마다 진주목걸이를 하기 원했고 나도 남편의 성의가 고마워 무거움을 무릅쓰고 자주 목에 걸게 되었다.

한 알 한 알 조개의 아픔이 내 목에 감길 때 난 남편의 사랑에 감사하게 되었고 목걸이를 보는 사람들의 칭찬이라도 받으면 남편의 사랑을 자랑하고 싶은 작은 욕망에 사로잡히는 팔불출이 되었다.

치매 증상이 있는 남편의 말이 혹시 상상에서 나온 말이라 할지라도 난 진주 목걸이를 사준 남편이 자랑스럽다.

삶의 무게

남편의 건강에 적신호가 걸렸다.

요 며칠 어지럽고 기운이 없다던 남편이 지난주일 예배 시간이 다 되어 갈 무렵 교회에 들어오시더니 헌금함 곁의 성구를 붙들고 창백한 모습으로 주저앉자 집사님 몇 분이 겨우 의자로 모시고 왔다. 예배를 마치고 병원 응급실로 가려 했으나 집에서 안정하면 될 것 같다고 마다하는 바람에 다음날 병원에 갔는데 "당뇨에 의한 뇌졸중"으로 판명되어 병원에 입원했다.

육인 실에 다섯 명의 환자가 있는 남자 병동에 보호자가 둘이니 넉넉 할리 없는 것은 사실이지만 앞쪽 환자 두 분은 담배를 너무 많이 피워 폐와 기관지등의 질병으로 입원하신 분들인데 이 두 분이서 담배를 구입하는 문제로 싸움을 하기 시작하더니 거친 욕설을 해대며 고성을 질러대는 바람에 병실의 환자들이 불안했다.

폐에 이상이 있는 분이 담배를 싸게 사서 피웠다고 말하니까 기관지에 이상이 있는 분이 싸게 살 수 있는 비결을 묻자 자기가 싸게 사주겠다고 했다. 그분의 말을 들은 분이 몽땅 구입하기로 했는데 잠시 후 밖에서 그렇게 많이 사면 더 싸게 살 수 있다는 이야기를 듣고 먼저 구입하기로 했던 분에게 취소를 하자 이미 구입해서 가져오기로 했으니 안 된다는 문제로 싸움이 났는데 그 모습을 가만히 지켜보면서 한심한 생각이 들었다. 병의 근원이 담배 때문이라는 것을 알면서 담배를 끊고 병을 고칠 생각을 하는 것이 아니라 어떻게 하면 담배를 더 싸게 사서 피울 수 있는가의 문제 때문에 싸우고 있으니 이는 마치 돈을 조금 더 아껴서 더 많은 담배를 피워 더 많이 아파보자는 것과 무엇이 다른가?

문득 언젠가 읽은 톨스토이 인생론이 생각났다. 톨스토이는 그의 인생론에서 인생을 이렇게 비유했다.

사자에게 쫓겨 도망가는 사람이 낭떠러지를 만났는데 궁지에 몰려 얽힌 칡넝쿨을 타고 벼랑으로 내려가다가 아래를 내려다보니 독을 품은 독사가 있어 더 내려갈 수도 없고 올라갈 수도 없는 상황인데 조금 위에 벌집에서 꿀이 떨어지고 있었다. 칡넝쿨에 매달려 거기서 떨어지는 꿀을 받아먹으면서 자신의 환경과 처지는 잊어버리고 어떻게 하면 저 꿀을 조금이라도 더 먹을 수 있을까에 신경을 쓰며 발버둥 치고 사는데 실상은 쥐가 한 마리 나와서 칡넝쿨을 하나씩 갈아먹고 있으나 그것을 모르고 발버둥 치는 것, 이것이 인생이라는 것이다.

생각이 여기에 머물자 잔뜩 화가 난 두 분에게 오지랖 넓은 척 다가서서 "두 분은 병원에 왜 오셨어요?"하고 물었다.

상당히 건방지고 도전적인 질문인데도 "아 몸이 아파서 왔지 왜 왔겠어요?"하고 되물었다.

난 몸이 아프게 된 동기가 담배에 의한 것인데도 담배를 좀 더 싸게 사는 문제 때문에 이렇게 싸우신다는 것은 마치 위험한 칼을 서로 갖겠다고 싸우는 어린아이와 같으니 이번 기회에 두 분 다 담배를 끊어 보시라고, 그러면 양쪽에 모두 이 담배 사는 문제로 손해보거나 신용을 잃으시는 것이 아니라 전화위복이 되는 기회가 될 것이라고 누누이 설명을 했다. 처음에는 '여자가 왜 건방지게 나서서 떠드느냐?'는 표정이던 두 분이 차츰 수긍하기 시작해서 두 분에게 당장 지금부터 실행하자고 피우던 담배를 간호사에게 가져가라고 하며 몰아붙였다.

그날 밤 두 분들의 싸움은 끝이 나고 오히려 갑자기 담배를 피우지 못하는 동질감에 서로의 눈치를 보며 가까워졌는데 남편의 침대에서 엄청난 문제가 발생했다. 병실의 환자들이 거의 잠든 자정이 넘은 시간, 쪼그리고 누운 보조침대에서 막 잠이 든 순간 남편의 어눌한 부름에 잠이 깨어 일어났는데 구린내가 온방에 진동했다. 깜짝 놀라 핸드폰 플래시를 켜고 남편을 보니 손에도 침대에도 변을 잔뜩 묻혀놓고 우는 소리로 하소연 했다. 어찌할 수가 없어서 불을 켜고 침대 씨트를 걷어 남편을 감싸고 샤워장으로 행했다. 문제를 해결하여 병실에 다시 돌아 왔을 때 담배를 끊은 두 남자의 말이 나를 웃게 했다.

“아 담배는 이렇게 고약한 냄새가 날 때 한 대 피우면 방안 전채에 냄새를 없애는데 가서 담배 찾아와요.”

그 말을 들은 옆 침대의 보호자 왈 “이 냄새는 누구나 뱃속에 가지고 있는 것의 냄새라 금방 없어져요. 이제 말이 나왔으니까 얘기하는데 아저씨들이 방에서 담배 안 피우셨어도 아저씨들만 들어오시면 냄새 많이 났었어요.”하며 나의 미안함을 덜어 주었다.

그날 밤 나는 다른 때와 달리 하루 마무리 기도를 할 때 “시어머니 대 소변 삼년이상 받아 냈으니 남편만은 대 소변 받아내는 일 없게 해 주세요.”라고 했었다. 그런데 그 밤에 이런 난리가 났으니 순간 내가 잘 못된 기도를 했나? 하는 생각이 들기도 하고 내게 주신 일이라면 무엇인들 마다할 수 있으랴, 무엇이든 주님이 원하신다면 순종하겠나이다. 하는 마음으로 평안을 얻었다. 내가 순종할 마음을 가진 줄 주님께서 아셨는지 더 이상 기저귀를 채우거나 대 소변 문제로 어려움을 주는 일은 없었다.

병원생활을 하는 동안 이런 시를 써보았다.

삶의 무게

여성금지 구역에서 나를 부른다.

사 십년 연륜으로만 들을 수 있는 언어로,

세월에 꺾여 휘청거리는 다리 세우고 다가가자
계면쩍은 웃음으로 뒤처리 부탁하는 눈빛을 보낸다.

가진 것은 없어도 매양 당당하고
나약한 듯 보여도 강했던 사람
전능자에게 마누라를 빼앗기고
새벽의 침묵을 한숨으로 깨우면서도
두 유방을 모두 도려낸 고통의 병실에서는
상실감에 헤매든 날 위하여 자기를 버렸던 사람.

링거 줄 타고 들어가던 수액의 역행이
휠체어에 앉은 그의 눈살을 찌푸리게 하건만
무쇠처럼 단단했던 작은 체구는 이미 힘을 잃어
그 어떤 불만도 어눌한 중얼거림일 뿐이다.

언제부터 무너지기 시작했을까?
지붕에 흰 풀 나며
주춧돌위의 기둥 야외어갈 때 알았어야했다.

마광된 칼날로도 도려낼 수 없는 통증
석 달 열흘 끓인 곰탕으로도 채울 수 없는 빈 뼈,

움직이는 미이라가 되어가는 그의 육체에서
버거운 삶의 무게가 느껴진다.

병실 창밖엔
가을태운 고추잠자리 훨훨 잘도 날아다니는데
구름사이에 희미한 낮달
남편 얼굴을 태운 채 힘없이 밀려간다.

봄의 환각

서재에 앉아있는 시간이 길어졌다.

새봄을 맞아 포동포동 살이 오른 다육 이들이 연속 꽃대를 올리는 서재에 앉아 훤하게 트인 창 넘어 앞산의 변화를 보고 있노라면 봄이 살금살금 다가와 시야를 간질이는 듯 마음이 들썩인다. 엊그제 벚꽃으로 온 산이 팝콘을 쌓아놓은 것 같더니 벌써 연초록 물결이 일렁인다. 새순이 돋아나는 저 자리는 지난 해 잎이 있던 자리다. 그러나 지난해 붙어있던 잎이 떨어져 썩었기 때문에 새순이 힘차게 돋아 날 수 있다는 것을 생각하는 사람은 많지 않다.

인생도 마찬가지가 아닌가, 새순이 돋아 날 때 그 아름다운 연초록의 신선함으로 반짝이듯 인간도 태어나 마냥 웃고 울며 반짝이다가 가을의 낙엽처럼 떨어져가고 나면 나무들이 새순을 싹 티우 듯이 그 자리에 후손들이 또 살게 되는 것, 낙엽이 나무 밑에 다소곳이 떨어져 썩어주면 새순들에게 거름이 되는 것처럼 인생도 후손을 위하여 얼마나 자신을 죽이고 썩어지는 가에 따라 그 후손의 삶이 결정되어

지지 않을까? 그럼 난 얼마나 죽어졌는가? 기독교의 진리는 죽어야 사는 것, 역설적이라 할 수 있으나 죽어야 살고, 줘야 받고, 비워야 채울 수 있는데 말씀 따라 산다고 나선 길을 삼십년 넘게 걸어왔으나 아직도 죽지 못했고, 받기만 했고, 비우지 못해 발걸음이 비둔하다.

그래서 어제는 "죽어야 사는 것을"이라는 제목의 설교를 했다 어쩌면 이 설교는 성도들에게 했다기보다는 내가 좀 더 죽고 싶어서 자신을 향하여 했던 것 같다.

내가 죽어야 한다. 교회를 위하여 죽고, 내가 소속되어 있는 기관을 위하여, 남편을 위하여, 자녀들을 위하여, 죽어지고 싶다. 그런데 나는 또 살아나서 오늘은 이런 시를 썼다.

가슴 찢긴 오후

바람난 것들에 지쳐
턱 괴고 앉아 앞산을 본다.

산 중턱 붉게 물든걸 보니

칠칠맞은 봄 아가씨가 경수 흘렸나 보다
앞집 울타리에 노랑저고리 벗어던지고
연초록 치마 펄럭이며
천방지축 온 천지 다닐 때 알아봤다

문틈사이로 연록의 치마 바람 들어와
고향집에 걸어두고 왔던 유년의 꿈이 스며든다.
봄바람 조심하라 시든 어머니는 없다
가슴 마구 콩닥 거려도 제제할 사람 없는데
파뿌리 같은 머리카락이 부끄럽단다.

해묵은 꿈들을 가두고
봄의 환각에서 빠져나올 통로를 찾다가
화사한 벚꽃 가지에 걸려 가슴 찢겨진 오후
해는 이미 서산에 기울고
너 또한 오래 머물진 못하리니
고요히 커튼을 내린다.

볕 잘 드는 훤한 서재에 편히 앉아 앞산의 변화를 볼 수 있는 이 행운이 몇 년이나 계속될까? 아마도 계절의 변화를 두세 번은 볼 수 있을 것 같다. 그렇다면 나는 이 행운을 10년 이상 누리지 않았는가?

옛 어른들은 전망 좋은 남향집에 살려면 삼대를 적선해야 한다고 했었는데 난 아마도 가장 멋진 예수님을 조상으로 둔 덕을 톡톡히 본 셈이다. 그래도 죽지 못한 난 앞으로 내 생이 다하도록 더 양지바르고 전망 좋은 곳에서 꽃들을 더 많이 기르며 살다가 주님 품에 돌아가기를 간구할 것 같다.

그리고 내가 떨어져 죽어진 자리에 내 후손들이 멋지게 새 순을 뻗어 성장해 가도록 고요히 나를 죽이는 연습을 계속해 나가리라. 오늘 따라 손녀들의 사랑스러운 얼굴과 비틀거리며 팔 벌리고 달려드는 손자의 모습이 유난히 그립다.

감사한 슬픔

십여 년 간 외국 생활을 하던 딸과 사위가 모든 공부를 마치고 돌아왔다.

예쁜 손녀와 장난꾸러기 손자를 데리고, 딸 내외가 돌아온 후부터 TV소리만 나던 가정에 떠들썩한 아이들의 웃음소리와 그 아이들을 보는 어른들의 웃음소리, 그리고 추임새로 시끌벅적한 나날이 몇 개월 흘렀다.

30여년 가까운 세월을 당뇨와 싸우느라 힘들어하며 늘 다리가 아파 "죽겠다."는 말을 입에 달고 사는 남편도 뒤뚱뒤뚱 걸어와 안기는 손자 앞에서는 입가에 웃음이 번지고 어둔한 입술로 "어이구 내 새끼, 혹은 내 강아지"하며 힘도 없는 팔을 벌려 아이들을 안았다.

사람 사는 것에 행복이 무엇인가? 비록 자기 몸이 아파서 고통스러울지라도 보고싶던 딸이 돌아오고 손자 손녀의 재롱이 눈앞에 있으니 짜증을 덜 내고 순간순간 아픔을 잊고 웃을 수 있는 이것이 남편에게 작은 행복인 것 같았다.

어쩌다 아들네 가족이라도 내려와 모이면 손자 손녀가 다섯이 되어 작은 유치원을 방불케 할 때가 있는데 그럴 때는 시너지 효과가 커서 정말 온 집안이 난장판이 된다.

그러나 남편은 예전 같이 시끄럽다고 방으로 들어가거나 아이들을 단속하라고 하지 않고 "나는 이제 볼 것 다 봤네, 손자가 없어 손녀가 없어 외손자 외손녀까지 이제 다 보았으니 여한이 없어, 언제 우리가 자식 없어 고통당했었는가?"하며 나에게 동의를 구하듯 했다.

그때 나는 한 수 더 떠서 "그러게요. 듬직한 사위에다가 마음씨 고운 며느리에 이렇게 손자 손녀가 주렁주렁하니 우리는 정말 하나님께 특별한 사랑을 받고 살지요."하고 맞장구를 쳐 행복을 과시하곤 했었다.

그렇게 딸 내외가 들어와 같이 산지 4개월 남짓 될 즈음 주일 밤부터 수요일 밤까지 부흥회를 인도하고 목요일에 돌아와보니 안방 보일러가 고장났는데 선뜻 고치기도 힘들고 그렇다고 무거운 침대를 옮기기도 힘들어서 서재에 자리를 깔고 나란히 누워 며칠 밤을 같이 자는데 마치 어린애가 엄마를 떨어졌다가 만난 것처럼 좋아하는 모습으로 "당신 있으니까 참 좋네."를 거듭했다.

그러더니 내 손을 만지며 "나 만나서 고생 많이 했네, 당신은 어떻게 생각할지 몰라도 나는 당신 만나서 참 좋았소, 이 손으로 일 많이 했지, 그래서 이렇게 손이 늙었구먼."하고 자존심이 강해서 평소에 하지 않던 고백을 했다.

그리고 다음 날은 딸 앞에서 “나는 네 엄마 만나서 42년간 참 좋았다.”라고 묻지도 않는 말을 하여 딸과 같이 웃고 말았다.

그리고 그날 밤, 저녁 잘 드신 후 피자까지 한 쪽 드시더니 평소와 달리 새벽 2시가 넘도록 나란히 누워 자질구레한 옛 이야기들을 하며 잠을 자지 않아서 “새벽기도 가야 되는데 너무 피곤해요. 이제 잡시다.”했더니 마지못해하며 “알았어, 이제 이야기 안 할게 잡시다.”하더니 금방 연하게 코 고는 소리가 들렸다.

그리고 새벽4시20분, 평소처럼 일어나 새벽기도를 나가는데 반듯이 누운 남편의 팔 하나가 이불 밖으로 나와 있었으나 대수롭게 여기지 않고 새벽기도를 마치고 돌아왔는데 새벽기도 나갈 때 본 그 모습 그 대로였다. 잠이 깨면 아픈데 잠깨게 했다고 짜증스러워하던 생각이 나서 살며시 이불만 좀 덮어주고 다시 좀 자려고 하는데 남편특유의 숨소리가 들리지 않는 것 같아 누운 채로 코에 손을 대보니 숨을 쉬지 않았다.

벌떡 일어나 불을 켜고 살펴보니 얼굴은 빙긋이 웃는 듯한 모습인데 몸은 이미 싸늘하게 식어있었다. 어쩌면 이렇게 몸부림친 흔적하나 없이 반듯이 누워 웃는 듯 떠날 수가 있었을까? 바로 곁에 있는 사람도 모르게, 나는 유난히 신경이 날카로워 작은 소리에도 잠을 깨는데 어떻게 남편이 가는 줄을 몰랐을까? 밤새도록 같이 이야기나 할 것이지 왜 자자고 했을까?

남편을 그렇게 보내고 자책과 후회의 회오리에 몰려 헤어날 수가 없었다. 아이들이 어미까지 잃을까봐 불안 해 하는 모습을 보면서 정신을 차리려고 몸부림 쳐도 순간순간 가슴에서 불덩이가 솟아오르는 것 같고 잠을 잘 수가 없다.

난 평소에 내가남편을 많이 사랑한다고 생각하지 않았다. 그저 부부니까 살고, 챙겨 주어야 하는 사람이니까 챙겨주고 그런 식이었다. 그가 떠난 빈자리가 이렇게 클 줄이야, 금방이라도 서재 문을 열며 "피곤한데 자야지, 안 자고 뭐해?"하는 것 같고, 그가 누웠던 자리, 그가 앉았던 소파에 그의 체취가 배어 집에 있을 수가 없다. 사리 때가되면 조개를 캔다는 명목으로 바닷가에 나가 물이 언덕을 때릴 때가 되도록 하루 종일 바닷가를 서성이다 돌아오고 밤이면 어미를 홀로 두지 않으려는 딸 내외가 아이들을 앞세워 같이 자자고 끌고 가는 효도를 받으면서도 가슴이 뭉클하고 눈물이 쏟아져 그것을 감추기가 가장 힘들다.

하나님의 계획을 누가 알랴, 지난 날 남편의 병실에서 시어머니 대소변 삼년을 받아 냈으니 남편 대소변은 받아내지 않게 해 달라고 기도하고 난 후 한 시간도 못되어 남편의 변으로 병실이 발칵 뒤집혔었다. 그 후 하나님 뜻이라면 무엇인들 거역하랴 싶어서 다시는 그런 기도 하지 않고 순복할 각오를 가졌는데 막상 내가 손들자 하나님께서는 단 한 번도 남편 대소변 받아내지 않게 하시고 그의 기도처럼 자는 듯 데려 가셨다.

남편은 고통 없는 안식에 들어 오히려 평안할 텐데 그를 보내고 남은 자의 고통을 감당해야 하는 가슴에는 피멍이 든다. 누군가 세월이 약이라고 했는데 정말 세월이 약이 될까? 약이라고 속으며 살다 보면 머지않아 그가 있는 곳에 나도 이르리라, 나의 남은 삶이 얼마이든 간에 조금이라도 아름다운 흔적을 남기고 나도 남편처럼 자는 듯 가고 싶다.

로맨스그레이

"엄마 뭐하세요?"

"영감과 놀고 있다."

"아빠 돌아가신지 얼마나 됐다고"

"그러게"

"근데 그 영감이 뭐래요?"

"너 잘 못되지 않도록 기도하라더라."

"헐, 그 영감 쓸 만하네."

"쓸 만한 영감이니까 사귀지."

"그래도 엄마, 좀 젊은 영감 찾으면 안 돼요?"

"젊은 영감은 靈感(영감)이 없어."

"그래도 이천 살이 가까운 영감은 좀 곤란한데……."

"이천 살 아니라 삼천 살이라도 서른세 살 총각인데?"

"어, 그럼 내가 형이라고 해야 하나?"

"야~, 까불지 마. 날마다 '아버지, 아버지'하며 이것저것 달라고 떼

쓰면서."

"ㅋㅋㅋ."

밤늦게 주고받은 아들과의 카카오톡 대화다.

엄마위로 한답시고 날마다 전화해서 실없는 대화로 웃기려 하는 아들의 마음이 가상하다.

아들에게 아빠의 존재는 그 자체가 대단한 힘이며 의지였는지 아빠가 돌아가시자 한동안 멘붕 상태에 빠져 밤늦게 전화해서 "엄마, 아빠 꿈꾸었어요. 꿈에서는 아빠가 살아계셨어요." 등의 말을 거듭하며 힘들어하던 아들이 이제 겨우 좀 벗어나는 듯싶다.

남편의 나이 마흔일곱에 낳은 아들, 장남으로 후손을 이어주지 못하는 아픔 때문에 십오 년 이상 서러움 가슴에 담고 살다가 아들이 태어나자, 세상을 다 얻은 듯 애지중지 키웠다. 외출에서 돌아올 때면 자기는 굶어도 아이들 먹을 것은 사들고 들어오고, 내가 늦게 낳은 자식 버릇없이 키우지 않겠다고 성경 들먹이며 회초리를 들 때면 안절부절 못하고 아이들을 변명해주던 사람, 초등학교 때부터 다른 아이들 버스 타거나 자전거타고 다니는 길을 굳이 승용차로 태워다 주고 데려오던 아빠가 갑자기 돌아가시자 아들이 날마다 전화해서 "엄마 힘내세요. 엄마는 오래 오래 사셔야 해요. 엄마 안계시면 누나와 저는 고아예요."하고 같은 말을 되풀이한다.

"자식들을 둘 셋씩 달고 있는 녀석들이 고아는 무슨, 이제 너희들은 고아 될 자격도 없어, 정신 차리고 아이들에게 약한 모습 보이지 않도록 네게 맡겨진 일들을 열심히 해야지," 내 감정을 숨기고 강한 척 해봐야 나 역시 콧잔등이 시큰 거리는 건 어쩔 수가 없다.

며칠 전엔 딸아이가 "엄마, 엄마는 천국에 가서도 아빠하고 살겠지"하며 아빠가 그립다는 자기 마음을 표현하고자 하는데 나는 대뜸 "얘, 이 땅에서 사십 이년이나 같이 살았으면 됐지 천국에서 까지 가서 같이 살라고?"

"그럼 누구랑 살 건데요?"

"너희 아빠보다 나를 더 기다리시는 분"

"그게 누군데요?"

"너희 아빠는 나를 버리고 갔지만 나를 영원히 버리지 않고 사랑하시는 분"

"아~, 난 또."

딸아이의 시큰둥한 표정을 보며 내가 진정으로 사모하고 그리워하는 분이 이 땅의 사람이 아닌 것에 무한한 감사가 솟구친다. 내가 만약 주님을 사랑하듯 이 땅의 누군가를 사랑하고 사모한다면 나는 아마 견디기 힘들 것이다. 뿐만 아니라 늙은이 주제에 무슨 사랑이냐고 망령된 사람 취급을 받을 것이다. 그러나 난 주님을 사랑하는 그 한 가지 마음으로 날마다 사모하며 내 사랑을 고백해도 부끄럽지 않고 더욱 더 간절해지기를 오히려 염원한다.

에로스 사랑은 이 땅으로 족하다. 영원의 삶속에는 믿음도 소망도 필요 없고 오직 아가페 사랑만 존재한다. 그러므로 나는 영원 속에 존재하는 그 분의 사랑을 갈망하며 오히려 그 나라를 사모하므로 이 땅의 삶속에 내 사명이 다하는 날을 기다린다. 내 사명 다 끝나는 그날 진정 사모하는 주님 품에 안겨 그리웠노라고, 사모했노라고 속삭이고 싶다.

나의 이런 모습 속에서 아이들은 무엇을 느낄까?

캐나다 서부 여행기

딸 내외가 엄마를 위로한답시고 추석 명절에 캐나다를 가자고 하여, 선뜻 OK하고 캐나다의 '록키산맥'을 찾아 선교사님 내외분과 사돈 간에 가족여행을 떠났다.

영어에 막힘이 없는 선교사님과 자녀들 덕에 외국여행을 할 때 조금도 불편함이 없다는 것을 익히 아는 터라 서슴없이 따라 나섰다. 내심 늙은이가 주책이나 부리지 않을까 염려스러웠으나 배려하는 마음들이 즐거운 여행을 만들었고, 록키산맥의 장엄함에 나약한 인간의 감정 따위는 숙연해질 수밖에 없었다.

캐나다항공 직항로 비행기가 생겨 직행으로 벤쿠버까지 열 시간 남짓 걸려 도착한 즉시 록키산맥으로 향했는데, 가는 곳곳마다 장관이고 절경이라 피곤을 느낄 여유조차 없었다.

첫날부터 날마다 600여km를 달리며 군데군데 절경을 구경하는데 자동차에 앉아서 내다보는 창밖 그 어떤 풍경도 놓치고 싶지 않았다. 달리는 자동차 밖으로 아이패드를 내놓고 사진을 찍어대다가 강풍에 아이패드를 날려 박살이 났어도 사진이 살아있음에 감사하고 다시 촬영할 수 있음에 감사했다.

산마다 봉우리엔 만년설을 이고 끈이라도 늘인 듯 실타래 같은 작은 폭포수가 쏟아진다. 그리고 그 줄기들이 모여 거대한 암석을 뚫고 쏟아지는 폭포를 이루었다가 또 흘러내려 골짜기마다 짙푸른 호수를 이룬다.

거대한 산들이 가는 곳곳마다 각양각색으로 위엄을 세우고 골짜기마다 비취빛 호수들이 얼마나 맑은지 속내 훤히 들어 내놓고 깊음으로 향해 잠잠히 흐른다.

푸른 침엽수들 사이사이 노란 은사시나무 단풍들의 모습과 호수가 어우러져 눈물이 핑 돌도록 아름다웠다.

때로는 뇌성벽력 같은 폭음을 내며 거대한 바위를 뚫고 쏟아지는 폭포수 앞에 말을 잃고,발아래로 떨어지는 폭포수가 파낸 바위의 기묘함에 정신이 혼미해 지기도 했다.

"하나님 감사합니다."

하나님께서 창조하신 이 거대하고 아름다운 절경을 볼 수 있도록 인도 해주신 하나님께 저절로 감사가 나오고, 저 구름에 쌓인 어느 산꼭대기쯤에 하나님의 영광이 비춰일 것 같은 착각이 일어나기조차 했다.

고산지대라 그런지 날씨가 금방 맑았다가 순식간에 구름에 휘감겨 버려 비경을 놓칠 때면 꼭 다시 오리라는 마음을 갖게 했고, 만년설

스치고 내려온 바람은 잠자는 야생을 일깨웠는지 나이도 잊은 채 빙산 꼭대기로 오르고 싶은 충동질에 발이 근질근질했다.

만년설을 처음 본 것도 아니고 빙하를 처음 본 것도 아닌데 뉴질랜드의 빙하와는 감이 다르게 느껴졌다. 뉴질랜드의 만년설과 빙하, 그리고 호수가 여성적인 아기자기함과 아름다움이라면 록키산맥은 남성적인 장엄함과 웅장함이라고 표현할 수 있을 것 같았다.

불빛조차 없는 좁은 산길을 꼬불꼬불 찾아간 호수가의 통나무집에서의 하룻밤은 새벽이 되어서야 그 진가를 알게 되었다. 하얗게 서리 내린 호숫가의 나무들이 잠잠한 호수에 반사되어 이채롭고 호수에서는 물안개가 피어올라 저절로 탄성이 나왔다. 서리밭을 추운 줄도 모르고 헤매고 다니며 샷터를 눌러대던 그 이른 아침의 광경은 지금도 눈에 선연하다.

록키산맥은 정말 아름답다. 어디에 카메라를 들이대도 모두가 작품이 된다. '풍경이 작가를 만드는 곳!', 그곳이 바로 록키다.

만 5일동안, 끊임없이 돌아보았으나 아쉬움만 남기고 벤쿠버로 돌아와 조카가 시무하는 주님의제자교회로 향했다. 벤쿠버의 한인 교회 중에 두 번째 큰 교회라는데, 건물은 짓지 않았고 캐나다 교회를 빌려 쓰면서 주일 낮에는 성도들이 많아 학교 강당을 빌려 예배하고 있었다.

그렇게 해도 매 주일마다 3부로 나누어서 예배를 한다는데, 교회를 짓지 않는 것은 이민교회 특성상 교회 건물을 무리하게 지었다가 어려움을 당할 수도 있다는 것을 일찍이 깨달았기 때문이라고 했다.

젊고 깔끔한 담임 목사님의 설교가 흠잡을 데 없이 선포되었고 사회를 보는 부목(조카)도 연신 싱글벙글 목청껏 찬양하며 이끌어가건만 안타까운 것은 기도가 끝나도, 말씀이 선포될 때도 "아멘"으로 화답하는 소리가 들리지 않았다.

그리고 표정들이 캐나다 사람들처럼 밝지 못했다. 왜일까? 조카의 말을 들으면 이곳에 이민 온 성도들의 수준이 한국에서는 최고라는 스카이대학[2])을 졸업하고도 미국이나 캐나다에 유학왔던 사람들이 대부분이라는데, 도무지 그런 사람들로 보이지 않았다. 상대적 빈곤일까? 아니면 민족성일까? 한국에 산다면 최고의 삶을 누리며 살 수 있는 사람들일 텐데,

그나마 다행인 것은 조카 내외가 땅콩 집에서 오순도순 예쁘게 살면서 주님을 위하여 최선을 다하고 있는 모습을 보는 것이었다. 아기를 낳지 못하는 안타까움이 있으나 그런 가운데도 서로 사랑하며 사는 모습이 마치 사십 여 년 전의 우리 부부의 삶을 드려다 보는 것 같아서 가슴 찡했다.

조카들이 많지만 네 살이 되도록 내손으로 한 집에서 키운 탓인지 유난히 사랑스러운 내 아들 같고, 내 며느리 같은 부부와 한밤을 지새우며 그동안 쌓인 이야기들을 나누고 새벽 일찍이 부부에게 간절히 축복한 후 벤쿠버 주변의 관광지를 조카 내외와 같이 구경하고

---

2) S - 서울대, K - 고려대. Y - 연세대의 앞 자를 딴 SKY대학.

다음날 고국 행 비행기에 올랐다.

다시 한 번 꼭 가고 싶은 록키산맥이여 안녕

4부
자연

가을앓이

누군가 시월의 해를 '노루꼬리만 하다.'고 하더니 정말 기다리던 시월이 바람처럼 지나가고 벌써 입동이 코앞이다. 금년엔 가을비가 질금거리더니 단풍이 유난히 고와 한국복음화운동본부 여교역자를 인솔하여 덕유산을 한 바퀴 돌아보았고 성도들과도 곱디고운 단풍길에 환호하며 가을 깊이 파고들기도 했는데 창밖의 가로수 잎이 우수수 떨어지는 모습을 물끄러미 바라보자 괜히 한숨이 솟는다.

난 이런 가을을 몇 번이나 맞이할 수 있을까? 오래 살고 싶은 생각은 없는데 막상 '가을을 몇 번이나 볼 수 있을까?' 라는 생각이 들자 나도 곧 낙엽처럼 될 처지라는 허무감으로 이맘 때면 겪는 가을앓이가 도져 이 밤도 잠은 수만리 밖으로 가버리고 머릿속에 들어오지도 않는 책장을 넘기다가 눈이 피곤하면 또 누워서 뒤적이며

'늙어서 단장하는 것이 어찌 낙엽뿐이겠는가? 태양도 질 때가 아름답지 않는가? 그렇다면 나는 어떤 모습으로 나의 최후를 장식해야 할까? 그러나 이건 나의 욕심일 뿐, 내가 어떤 모습이 되고 싶다고

해서 되어지는 것이 아니니 난 그저 나의 최후가 아름답기를 기도할 수밖에' 이런 옹색한 변명을 마음속으로 구시렁거리며 변해가는 나를 느낀다.

흑백 옷을 즐겨 입고, 고상한 색만 고집하며 품위 있게 운운하던 시절은 어디로 갔는지 요즘은 젊었을 때 촌스럽다고 멀리했던 울긋불긋한 꽃무늬 옷에 시선이 가고 실제로 원색적인 옷을 사놓고 자신이 없어서 아직 입지 못 한 것도 있다.

콩나물 한줌에 신강이하는 아줌마도, 노인정에서 시간 보내는 할머니도 아닌데 해야 할 일이 너무 많아 버겁게 느껴지기도 하고 가끔은 짜증도 나지만 이것은 나의 가장 큰 행복이다.

다른 사람들은 정년퇴직하여 일하고 싶어도 일이 없어 못하는데 난 가장 보람 있고 귀한 일을 칠십까지 할 수 있고 다른 사람은 자녀들 결혼시키지 못해 안타까운데 난 손자 손녀 재롱 보며 웃을 수 있으니 이보다 더 완전한 행복이 어디 있겠는가? 생각하면 감사하지 않은 것이 없고 완전한 행복인데 왜 가을이면 이렇게 가슴에 작은 구멍이 뚫리는지 알 수가 없다.

그러나 한 가지 분명한 것은 푸름만 고집하던 낙엽이 화려하게 변신하고 떠나도 땅속에 묻혀 다시 나무에게 거름이 되어주듯이 늙어갈 수록 겉모습만 화려하게 하는 것이 아니라 낙엽처럼 겸손히 묻혀 후손들에게 거름이 될 수 있기 위하여 속내를 아름답게 가꾸어야 한다는 것이다.

낙엽

솔잎 푸르다 자랑치마세요.
갈잎도 봄날엔 새싹 이였고
으악새는 흰머리도 갓 피운 꽃이래요.

작열하는 한 낮의 빛보다
노을 붉은 석양이 아름다운 건
저를 품은 태양의 속내 인가 봐요.

고운 옷 갈아입고 길 떠난다고
화려한 변질이라 질타하지 마세요.

푸르던 시절 사랑 할 때는
서로 믿고 아우르며 살았었건만
서리 내리고 찬바람불자
살며시 저를 밀어버리니 어떻게 해요.

어차피 떠나야할 운명이라
식어버린 사랑 돌릴 수 없다면
애면글면 끌탕하며 울지 않겠어요.

차라리 마지막 정열 다 바쳐

고운자태로 떠나고 싶은 저는
사랑의 화신으로 살포시 떠나렵니다.

이런 시를 써놓고 혼자 "가을타는 여자라 웃지 마세요. 엊그제 봄이더니 낙엽이 저요." 하며 피식 웃어본다.

다육과의 전쟁

난 요즘 200여 분(?)들과 작은 전쟁을 하고 있다. 매년 이맘때면 겪는 이 전쟁은 나의 패배가 전제되어 있건만 말이 통하지 않는 이 전쟁 속에서 하나님의 섭리를 깨닫게 되고 많은 것들을 배우게 된다.

햇빛 찬란한 창가에 옹기종기 자라는 다육식물들, 봄이 되면 모진 겨울을 견딘 것이 바로 이때를 위함이라는 듯 꽃대를 올린다. 그런데 대부분의 다육이는 꽃이 화려하지도 않고 향기가 있거나 별 특이하지도 않은데 꽃을 피우고 나면 영양을 빼앗겨 잎에 윤기가 떨어지고 성장에 지장이 있다. 그래서 다육식물을 키우는 사람은 꽃을 보려고 하기 보다는 줄기의 아름다운 곡선이나 꽃송이 같이 아름다운 잎 자체를 즐긴다. 그런데 주인의 뜻을 알지 못하는 다육이 들은 꽃을 피우는 것이 사명이라는 듯 꽃대를 올려 따버리면 잎 사이에서 또 다른 꽃대들을 더 많이 올리곤 한다.

심지어 어떤 것은 사오년씩 자라서 꽃 한번 피우고 생을 마감해 버리는 종도 있는데 그런 종의 다육 이는 번식도 까다로워 오히려 값이 비싼 편이다.

꽃 한번 피우기 위해 몇 년씩 자라는 그런 식물의 꽃대가 올라 올 때 나는 일찍이 그 꽃대를 제거해버리고, 제발 꽃을 피우지 말고 너 자신이 살아 달라고 마음으로 어루만지며 기도해보지만 며칠 후면 잎 사이사이에 돋아난 새로운 꽃대들을 보면서 난 항상 그에게 지게 되고 그 식물의 비장한 최후를 목격하게 되어 마음이 아프다. 이런 종의 다육 이는 씨로 종족을 번식하는지 모르겠다. 그런데 실내에 가두어 놓고 꽃을 피우지 말라며 잘라내고 너 자체가 아름다운 꽃이라고 회유 한다고 해서 그가 따르겠는가? 이것은 어쩌면 나의 이기심이고 하나님의 섭리를 거역하는 것이라는 생각이 들기도 하지만 어찌되었든 간에 꽃 한번 피우기 위해 몇 년을 자랐다가 죽는 것이 안타까워 사진으로 그 자취를 남겨 놓고도 또 꽃대를 따내는 전쟁을 하게 된다.

그런가하면 난(蘭)은 씨를 맺어 종을 퍼트리는 식물이 아니면서도 꽃송이 하나하나 아래 작은 꿀 송이를 달아 매혹적인 향기와 함께 벌 나비를 유혹한다. 어쩌면 이 작은 분 안의 돌 맹이 속에 뿌리를 내려 한 달에 두어 번씩 주는 물만 먹고도 이렇게 꿀 송이 까지 달고 향기로운 꽃을 피워내는지 난 앞에 앉아 코를 벌름거리며 심호흡을 하노라면 경이로운 생각마저 들 때가 있다.

이렇게 식물들은 아무 불평불만 없이 하나님의 뜻을 잘 순종하여 준행하는데 유독 만물의 영장으로 창조된 인간은 하나님의 뜻을 거역하며 사는 것 같다. 특히 요즘 우리나라에 이상한 풍조가 퍼져 결혼을 기피하는 사람들이 많고 결혼하고 살면서도 자식을 낳아 기르는 것이 수고롭다고 생각하여 즐기기만 하며 살자는 식의 삶을 추구하는 사람들이 늘어나고 있으니 말이다.

며칠 전에 모 교회 집사님이라는 분이 상담을 하고 싶다고 찾아왔는데 결혼 한지 칠년이 되도록 자녀를 갖지 않자 시부모님께서 손자를 기다리다 못해 며느리를 불러 병원에 가서 정확히 진찰을 받아보고 치료를 받으라고 하셔서 고민이라는 것이었다.

자식 낳지 못해서 고통 받아본 사람이라 하나님께서 그런 사람들을 많이 보내 주시는지 상담해 주고, 기도 해주면 하나님이 역사 하셨던 터라 병원에 가서 진찰 받아본 적이 있는지 물어봤더니 병원에 갈 필요가 없는데 병원 타령을 하시니 고민이라는 것이었다.

그래도 한번쯤은 병원에서 진찰 받아봐야 되지 않겠느냐는 나의 질문에 "아이 낳지 않기로 하고 결혼했는데 병원에는 왜 가요?"하며 한다는 말이 자식 낳아 키우고 가르치고, 많은 돈 들여가며 고생할 필요 없이 자식 키우며 가르치는 돈 가지고 즐기며 살기로 해서 수술을 해 버렸는데 시부모님을 어떻게 설득해야 되는지가 고민이라 상담하러 왔다는 것이다. 내 딸 같으면 호되게 회초리를 들겠지만 그렇게 할 수도 없고 명색이 교회 집사니 성경을 인용해가며 하나님의 뜻을 설명하고 깨우치며 다육식물과 나의 전쟁을 이야기하는데 한나절을 소비하고야 재수술이 가능한지 병원에 가보고 최선을 다 하여 부모가 되는 길로 나서겠다는 확신을 받고 돌려보냈다.

손자 손녀에 둘러 싸여 서로 할머니 사랑 받으려고 애교 피고 시샘하는 이 행복을 언젠가 그 집사도 느낄 수 있기를 간절히 기도하는 마음이다.

창 너머 사색

옹기종기 다육이가 모여 사는 창 너머로 연초록이 진초록으로 바뀌어가는 앞산을 본다. 엊그제만 해도 팝콘을 매단 듯 하얀 벚꽃들 사이사이로 분홍빛 진달래가 시선을 끌더니 이제 온통 초록이다.

십년하고도 절반을 보아온 앞산의 광경인데 오늘따라 새삼스러운 것은 무엇일까?

옛 어른들 말씀에 삼대를 적선해야 정남향집에 살수 있다는 말을 들은 적이 있는데 내가 사는 집은 교회 2층으로 정남향이 아닌 동남간이나 베란다가 거실만큼 넓고 한 면이 모두 유리라서 다육 이를 많이 키워 카페 같은 분위기를 연출했다. 새 신자들이 교회에 오면 같이 차를 나누며 대화할 수 있도록 하기 위하여, 또 유리문 하나만 열면 서재와 이어져있어서 서재에 앉아 책을 보다가도 눈만 들면 예쁜 다육이 들과 앞동산을 볼 수 있다.

방안에 앉아서 사계절의 변화를 샅샅이 보며 느낄 수 있는 행운이 보통 행운은 아니라고 생각하며 살았다. 그런데 이제 지금 보는 이 앞동산의 봄 풍경을 볼 수 있는 기회가 내년 한번밖에 주어지지 않는다고 생각하니 가슴이 멍해진다.

그렇다 내년 말이면 어디론가 이사를 해야 한다. 어디로 가게 될까? 주님께서 예비해주시겠지만 시골이 아닌 시에 살면서 이보다 더 넓고 시야가 확 트인 집, 방안에 앉아서 동산을 보며 계절의 아름다움을 찬미할 수 있는 집에 살 수 있을까?

그동안 하나님의 은혜로 넓은 집에서 손주들 마음껏 뛰어놀고 나 좋아하는 꽃들 키우면서 참으로 잘 살았다. 그런데 이 정든 집을 떠나야 한다는 생각에 아직 일 년 하고도 절반이 남았는데 벌써 창 너머 앞동산의 광경이 그리울 것이라는 생각이드는 것은 무엇일까?

누가 가라는 사람도 없고 내가 떠나기 싫으면 이곳에서 더 살수도 있다. 아니 떠날까봐 벌써부터 눈물 글썽이는 사람들이 있다. 그러나 떠나기 싫다고 안 갈수도 없고 붙든다고 머물러 있을 수도 없는 것이 떠날 시기를 아는 사람의 선택이며 배려다. 총회 법이 75세까지 목회를 할 수 있게 되어 있으니 그대로 하라고들 하지만 만약 내가나 개인적인 욕심으로 정년의 시기를 꽉 채우고자 한다면 진취적이지 못한 노인네의 방임적인 목회로 성도들의 영혼이 어떻게 되겠는가? 지금도 젊은 목회자들의 번득이는 지혜와 지칠 줄 모르는 열성을 보면 하나님께서 내게 맡겨주신 양 무리들이 목자의 무능으로 잘 성장하지 못할까봐 조바심이 나는데…….

이 세상 사는 동안이 중요하지 않다고는 할 수 없으나, 그것보다 더 중요한 것은 하나님 앞에 가서라는 것을 알기 때문에 내려와야 하는 시기를 잘 맞추고 싶은 것이 내 작은 바램이다.

"이제 삼년 후에는 어디로 가서 살게 될까? 난 걱정 없네, 당신이 가는대로만 따라가면 되니까,"하며 웃던 사람은 다시 이사할 필요 없는 아름다운 곳으로 앞서 떠나갔다. 이별의 고통과 추억들을 남겨준 채, 참 배려 없는 사람, 한 평생 직장다운 직장도 없이 살면서 세상에 여자는 나밖에 없는 듯 살아서 꼼짝 못하게 하더니 '이제 늙었으니 괜찮다고 혼자 갔을까?'하는 야속한 생각이 들다가도 생과 사는 하나님 소관이시니 하나님께서 병든 남편 간호하는 고통당하지 않게 하시려고 가장 적합한 시기에 깨끗한 모습으로 데려가셨으니 오히려 감사해야 한다는 생각이 지배적인데, 왜 시시때때로 이렇게 가슴이 저려올까?

며칠 전에는 혼자 차를 몰고 바닷가로 나가는데 머릿속이 텅 빈 듯 아무 생각 없이 가다보니 오토바이가 차 앞으로 다가와 브레이크를 밟았으나 늦었다. 머리가 백발인 영감님이 오토바이와 함께 쓰러지고 어디선가 경찰이 달려오면서 "아니 경찰차 앞에서 신호를 안 지키고 사고를 냅니까?"하는데 위를 보니 신호등에 빨간불이 선명했다. 그리고 건너편 차선 맨 앞에 경찰차가 신호대기 중이었다. 차를 갓길에 대고 영감님을 일으켜보니 오토바이는 부서졌으나 사람은 큰 부상 없이 괜찮은 듯 했다. 보험회사에서 나와 서류를 작성하는데 보니 영감님이 남편과 같은 나이인데 혼자 산다고 했다. 그 말을 듣는 순간 '만약에 내가 먼저 떠나고 남편이 남았다면 저 영감님처럼 혼자 살 수 있을까?'하는 생각을 해보니 그 사람은 너무 고급스럽게 자라고 살아와서 시설로나 가야지 혼자 못살 것 같은 생각이 들었다.

마음씨 착한 영감님이 편리를 봐주셔서 사고처리는 쉽게 되었는데 운전하기가 무서워진다. 안 하자니 발이 묶여 불편하고 하자니 나 때문에 다른 사람에게 피해를 줄 것 같아 두렵다. 도대체 운전대를 잡고 무슨 생각에 도취하여 신호등을 안 보았을까? 운전대도 놓아야 할 시기가 온 것인가? 가슴이 휑하다.

녹음이 우거져가는 앞산을 보면서 자질구레한 상념에 사로 잡히다 보니 저녁노을이 붉게 물들었다.

목욕탕에서

수술 후 처음에는 대중목욕탕엘 못 갔었다. 여자도 아니고 남자도 아닌, 칼자국만 커다랗게 가로 누운 가슴을 남들에게 보이기 창피하다는 생각 때문이었다.

추운 겨울날도 뜨뜻한 목욕탕이 생각 날 때면 욕조에 더운물을 받아놓고 난로를 동원하는 법석을 떨면서도 대중목욕탕은 이제 나와 상관없는 곳이라고 생각하며 살았었다.

그 후 몇 년 지나자 두 아이를 낳으면서 수술한 자욱이 사선으로 배에 남았다. 더 창피할 텐데 어느 날 성경을 읽다가 고린도 후서 2장14-17절 말씀이 가슴에 와 닿으면서 내가 그리스도의 향기라면 어떤 모습이든 무슨 상관이냐, 화려하고 멋진 서양 란은 향기가 없어도 바위틈에 붙어서 모진 비바람 견뎌낸 풍란은 향기를 발하지 않는가? '상처 많은 풀이 향기를 풍기는 것처럼 나도 이 상처와 아픔을 오히려 그리스도의 향기로 풍기자.'라는 생각이 들었다.

그러나 마음 한편에서는 내가 들어가면 사람들의 시선이 쏠리고 어떤 이는 이상하다는 눈빛으로, 어떤 이는 측은해하는 눈빛으로 바라보며 멀리할 텐데 과연 그 시선들을 감당할 수 있을까? 하는 의아심도 생겼다.

그리고 며칠 후 결심을 단단히 하고 대중목욕탕을 찾았다. 역시 기대에 어긋남 없이 각양각색의 시선들이 스치고 지나갔으나 모른 척 탕 속에 들어가서 나에게서 시선을 돌리지 않고 측은하게 쳐다보는 사람을 택해서 "이상하지요? 제가 봐도 이상해요."하며 말을 걸었다. 내 말은 들은 아주머니는 "글쎄, 얼마나 고생하셨어요? 수술 하신지는 얼마나 되셨는데요?"하며 마음을 열어 자기 사촌동생도 유방암에 걸려 수술한지 5년 만에 죽었다는 이야기까지 했다. 그날 그녀와 나는 상당히 많은 시간을 세상사는 이야기, 건강 정보 등을 주고받다가 내가 경험한 하나님을 쭉 간증했다. 그녀의 눈앞에 있는 이 이상한 여자에게 이루어진 하나님의 역사를 믿음 없는 여자가 어떻게 받아들일 것인가는 하나님께 맡기고 나는 그리스도의 향기를 전해야 한다는 사명감을 가지고 전했는데 처음에는 별 반응이 없던 사람이 점점 끌려들어 나중에는 "참말로 하나님이 있긴 있는가보네,"라는 말이 그의 입에서 나왔고 그는 옆집에 사는 모 교회 집사님의 전도를 계속 받았으나 예수 믿는 사람들이 말만 좋지 행동은 말 같지 않아서 교회에 다니기 싫다고 했다.

첫날 실패했다고 그만 둘 수 없어서 그녀가 이야기를 꺼내도록 유도하여 그날 오후를 탕에서 같이 보내고 전화번호를 받아왔다.

그리고 며칠 후 그에게 전화하여 탕에 언제 갈 것인가를 물어 같이 가기로 약속하여 다시 만났을 때 고급 샴푸 하나를 선물하고 다시 슬슬 말씀을 심었다. 그리고 헤어질 때는 옆집 집사님의 전화번호까지 알아내서 그에게 집중적으로 전도하라고 전해주었다. 그가 지금은 군산에서 두 번째 가라면 섭섭할 교회의 집사님이 되었고, 그 후 난 목욕탕에 가는 것이 전도의 현장에 가는 것이 되었다.

몇 년 전에 목회자들의 작은 모임이 있어 충주에 갔을 때 물 좋은 목욕탕이 있다고 다 같이 목욕탕엘 갔었다. 그날따라 공교롭게도 여자 목사는 나 하나뿐이라 누구와 이야기할 사람도 없고 그저 혼자 탕 안에 앉아 있는데 어떤 젊은 여자 하나가 목에 수건을 걸고 들어와서 나를 자꾸 쳐다보았다. 언제나 그렇듯이 난 그녀에게 말을 걸었고 내 이야기를 들은 그녀는 긴장을 푼 듯 목에 건 수건을 벗겨내며 "저도 이렇게 갑상선 수술을 두 번이나 했어요."하며 눈물을 글썽였다.

그날 그녀의 아픈 사연을 들어주며 우리 인생의 덧없음과 영원한 하나님 나라의 소망을 간증 섞어 들려주자 그가 갑자기 안수 기도를 해달라고 했다. 밖에 나가서 해주겠다는 나의 말에 그녀는 "지금 해주시면 안돼요? 저도 어릴 때 교회에 좀 다녔는데……."하며 말끝을 흐렸다. 생각해보니 나는 곧 나가야했고 그녀는 들어 온지가 얼마 안 되니 더 있어야 할 것 같기도 해서 할 수 없이 홀랑 벗은 몸으로 그녀에게 영혼 구원과 건강, 그리고 그에게 들은 그 아픈 상처들을 치료해 주시기를 간절히 기도했는데 그는 하염없이 눈물을 흘렸다. 울먹이는 그녀를 다독여주고 그곳 목사님 교회를 가르쳐준 후 나왔다.

그리고 한 달 쯤 후 모르는 전화가 와서 받아보니 목욕탕 그녀였다. 내가 가르쳐준 교회가 너무 멀어서 가까운 교회를 다니는데 하나님을 만나고 나니 내 생각이 나서 내가 소개했던 교회에 찾아가 전화번호를 물어서 전화했다면서 고맙다는 인사를 계속했다. 목욕탕 그 사건이 있기 전의 그녀는 살 소망이 없었다고 했다. 남편은 병든 부인을 모른 척 내버려두고 밖으로 돌며 날마다 술타령이고 자녀들은 시어머니가 데리고 가서 빈집에 혼자 누워 우울증에 시달리며 우는 것이 그녀의 일과가 되어 죽고 싶었는데 이제는 우울증이 모두 사라지고 자신도 모르게 속에서 기쁨이 솟구친다고 했다.

하나님은 이 모자란 병신을 이렇게 쓰신다. 가장 큰 약점을 통해서도 영광 받으시는 하나님, 그 하나님이 나의 아버지이심에 감사하며 목욕탕이든 숲속이든 빈들이든 내가 있는 그 곳에 하나님의 영광만 나타나기를 기도한다.

가정이라는 테두리

가정 사랑학교를 하는 목사님으로부터 책 표지에 실릴 칼럼을 부탁 받고 가장이라는 테두리를 깊이 생각하게 되었다. 그동안도 5월이 되면 가정의 소중성에 대한 설교를 시리즈로 하곤 했지만 성도들이 얼마나 깨닫고 새겨 가정을 가꾸어 나갈지는 미스터리다.

인간의 삶은 관계의 연결고리로부터 시작되어 관계 속에서 살아간다. 이 관계를 크게 두 가지로 분류해 보면 혈연관계와 언약관계인데 태어날 때부터 갖게 되는 혈연관계는 내 의지와 상관없이 이미 맺어진 관계고, 자신이 살아가면서 자신의 의지로 맺고 사는 관계는 언약관계 혹은 계약관계라 할 수 있다. 이 두 관계를 잘 유지하고 지키며 살아가는 사람은 성공적인 삶을 살 수 있으나 이 두 관계를 소홀히 하거나 무시하고 사는 사람은 삶을 성공적으로 이끌어가기 어렵다.

혈연관계란 피로 맺어진 부모 자식 간이나 형제자매를 중심으로 이루어졌지만 언약관계란 광범위하게는 신과 인의 관계로부터 어린 아이의 작은 약속까지 사람이 살면서 맺는 다양하고 포괄적인 관계를 칭한다. 이 언약관계 중에 부부관계는 언약관계보다 한 수 위인 서약관계다. 그만큼 소중하기 때문에 절대로 언약을 파기해서는 안 된다고 언약을 넘어 그 언약을 서약까지 하게 하지 않았을까?

이 혈연관계와 언약관계, 서약관계가 모두 공존하는 곳이 가정이다. 그렇기 때문에 가정 속에 혈연관계가 사랑으로 잘 융화되고 작은 약속이라 할지라도 가족 간에 잘 지켜지며 부부간에 서약관계를 깨지 않고 지키기 위하여 서로 이해하고 잘못이 있을 지라도 용서하며 사랑으로 화합 해 갈 때 가정의 기능이 활발하며 거기에서 가족들이 안식과 힘을 받을 수 있다.

특히 부부란 하나님과 양가 부모님, 모든 증인들 앞에서 어떤 어려움이 있을 지라도 평생의 고락을 같이 하며 변치 않고 살겠노라고 서약하고 결혼하여 가정을 이룬 사이다. 그러나 막상 가정을 이루어 자녀들 낳고 살다보면 가슴 뜨거운 사랑이나 감동을 기대하기 보다는 당면하는 어려운 일이나 고통이 많은 것이 현실이다. 이럴 때 부부가 서로 격려하며 고통을 나누어지고 인내로 가정을 지켜 나가야 하는데 이 일이 쉽지 않다, 거기에는 무한한 양보와 이해, 용서와 희생적인 사랑으로 자기를 부인하고 내 위치를 파악하여 내 잘못을 먼저 볼 줄 아는 마음의 눈이 필요하며 결혼 서약을 기억하고 살아야 가능하기 때문이다. 그럼에도 불구하고 가정은 소홀히 할 수 없는 인생의 삶이 걸린 곳이다. 또한 내 자녀가 나를 지켜보고 자라는 자녀 교육의 현장이다. 그러므로 부부는 배려와 끊임없는 사랑으로 가정을 지키고 파수해야 할 사명이 있다.

흔히 "문제아는 없다. 다만 문제의 가정이 있을 뿐이다"라는 말이 있는데, 그렇다. 내 가정에서 관계들이 무너지면 자녀들이 무너지,고 자녀가 무너지면 가정이 무너지며, 가정이 무너지면 국가가 무너진다. 두 사람이 함께 이룬 한 가정, 한 가정들이 모여 국가를 이루고 사회를 이루기 때문에 우리가 가정들을 잘 지키는 것은 국가를 지키는 것이며 살리는 것이고 내 자녀의 앞날을 밝게 열어주는 소망의 빛이 된다.

그러므로 힘들고 어려운 일이 있을수록 내 가정은 내가 지키고 살려야 한다는 확고한 신념을 가지고 나 자신과 자녀를 위하여 국가와 민족의 앞날을 위하여 아름답고 복돈 가정을 가꾸어 나가는데 최선을 다 해야 할 것이다.

K집사님 가정은 남부러울 것 없는 행복한 가정이었다. 아들만 둘이던 가정에 딸을 갖고 싶다고 기도하자 하나님께서 예쁜 딸을 주셔서 자녀에 부족함이 없고 자상하고 착실한 남편은 물질적인 어려움 겪지 않고 살만큼의 돈을 벌었으며 예쁜 아내도 나름대로 직장을 가져 행복하게 살 수 있는 조건을 다 갖춘 가정이었다.

그런데 그 아내가 어느 날 부턴가 지나치게 멋을 내는 것 같더니 성형수술을 하고 밖으로 돌기 시작했다. 어린 자녀들을 돌보지 않고 돈을 벌겠다고 밖으로만 도는 그에게 몇 번이나 권면을 하다가 경고

까지 했지만 그는 막무가내였다. 착하기만 한 K는 아내 말에 끌려 제법 규모 있는 치킨집을 내어 맡기더니 그녀는 가게를 비울 수 없다는 명목으로 교회를 멀리하고 돈 버는데 집중하는 듯 했으나 그것도 잠시고 결국 다른 남자가 생겨 사춘기에 접어든 아들, 아직은 초등학생인 둘째, 그리고 늦게 얻어 이제 겨우 여섯 살이 되는 어린 딸을 팽개치고 가정을 나갔다.

착하기만 한 K의 야위어가는 얼굴을 볼 때마다 가슴이 저리다. 밖으로 돌면서 어떻게든 자식들을 이용해 돈만 한 푼이라도 더 뜯어내려는 그녀의 야비한 행위를 전해들을 때마다 울분이 치솟지만 내가 어떻게 할 수 있겠는가? 다만 하나님께 그 가정을 위해서 어린 자녀들을 위해서 기도 할 뿐 내가 할 수 있는 단계는 넘어버린 상태다.

아버지의 사랑이 있건만 어미가 버린 아이들이 방황한다. 기관지가 좋지 않은 큰아이는 계속 입원하게 되고 둘째는 휴대폰을 손에서 떼지 못하는 아이가 되었다. 그리고 사랑스럽던 막내딸은 사랑 받지 못하고 자라는 아이의 특징인 남의 눈치만 살피며 제 욕심을 채우려는 이기적인 아이가 되어가서 아이들 사이에서도 따돌림을 당하는 것 같아 심히 안타깝다.

그녀도 이제 사십을 넘었는데 예쁘고 화려한 젊음이 얼마나 가겠다고 미래를 생각하지 못하는지 답답하다. 자식에게 희생적인 부모도 버림받기 쉬운 세상인데 어린 자녀들에게 이런 큰 상처를 안겨주었으니 늙어서 자식에게 사랑받지 못할 일을 어찌 깨닫지 못할까?

오늘 밤도 K집사님을 위하여 그의 가정과 그의 자녀들을 위하여 전능하신 하나님께 기도 하는 것이 내 소임임을 알기에 무릎을 꿇는다.

착각의 덫

전주 K백화점에서 바겐세일을 한다고 구경을 가자는 후배 목사의 전화를 받았다. 특별한 일도 없고 하여 그 교회 전도사님이 운전하는 차를 타고 40여 km가 넘는 길을 같이 나섰다.

모처럼 한가한 시간에 만나 그간의 사연 많은 이야기들을 나누며 달려가는데 절반쯤 갔을 때부터 멀리서 헬리콥터 소리가 들리더니 점점 가까워졌다. 지나가는 비행기려니 생각하고 계속 조잘대며 신나게 달리는데 십여 km이상 달렸는데도 계속 헬리콥터가 가까이 따라오며 마치 우리를 하늘에서 호위해 주는 것 같았다.

운전을 하는 전도사님이 "아, 목사님들을 모시고 가니까 이렇게 헬리콥터의 호위를 받으며 가기도 하네요."하며 웃자 우리는 "그럼, 하나님께서 특별 휴식을 주셨으니 보호해 주시나봐."하며 신나게 깔깔거리고 달리는데 헬리콥터소리가 점점 더 크게 들렸다. 바로 머리 위에 있는 듯해서 창밖으로 고개를 내밀고 두루 살펴봐도 보이지를 않았다. 이상한 생각이 들어 도로변에 차를 세우고 살펴보니 뒤 타이어

하나가 찢어졌는데 그 상태로 계속 달려서 타이어는 가루가 되었고 휠까지 달아 헬리콥터소리를 냈던 것이었다.

타이어에 파스가 났으면 차가 요동쳤을 텐데 그것을 느끼지 못할 만큼 우둔한 사람들이거나, 모처럼 만나 조잘거리기에 여념이 없었거나 둘 중에 하나라고 생각하며 보험회사에 전화했던 기억으로 그 지점을 지날 때마다 빙그레 웃게 된다.

어제는 그날 같이 갔던 목사님과 다른 젊은 후배 목사와 같이 장춘에 신학교를 설립하는 문제로 전주에 갔는데 그 젊은 목사님이 어제 교회 차에 고령의 할머니 한 분이 타고 오셨는데 차에서 응아를 하시는 바람에 차안에 온통 냄새가 배어 자기가 모시고 싶어도 할 수가 없다며 안타까워했다. 내 차를 타고 가자고 했더니 운전은 젊은 사람이 하겠다는 그의 말에 웃으며 차키를 넘겨주고 옆자리 앉았다.

냄새 고약하게 밴 차를 타고 다녔다고 생각해서 그런지 옆에서 고약한 냄새가 나는 것 같은 생각이 들기도 한데 운전하는 목사님역시 덮다 고하며 차 창문을 몇 번 열었다 닫았다하며 잘 다녀왔다. 그리고 오늘은 고향에 고등학교 동창 몇이 모였는데 보고 싶다고 올 수 없느냐는 전화를 받았다. 오랜만에 옛 친구들의 얼굴을 보고 싶은 마음에 미룰 수 없는 일들을 대충 마무리하고 차에 올랐다. 그런데 어제 옆자리에 앉았을 때와 달리 차에서 나는 냄새가 너무 고약했다.

마침 겨울답지 않은 포근한 날씨라서 차문을 열어놓고 달리다가

문을 닫으면 괜찮으리라는 생각에 앞 뒤 문을 모두 열어놓고 한동안을 달리다 문을 닫았으나 냄새가 여전했다. 문을 열고 닫기를 반복하며 가다가 타이어가 파스 나 차를 멈추었던 지점에 가까이 이르자 지난 날 착각의 덫에 빠져 헬리콥터가 호위해준다고 우쭐대던 생각이 나서 또 피식 웃음이 났다.

그런데 그 웃음에 이어 문득 이 냄새도 혹시 어제 운전했던 목사님에게서 밴 냄새가 아닌데 내가 착각하고 있는 것이 아닌가 하는 생각이 나서 예의 그 지점에 차를 세우고 내 신발을 살펴보니 '아~~.' 역시 그랬다. 덤벙대는 성격에 바삐 나서면서 자동차 주변을 살펴볼 겨를도 없이 그저 차에 올라타고 달렸는데 가끔 이웃집 개가 주차장에 응가를 했던 것을 밟고 차에 올랐던 것이었다. 마침 비가 좀 내린 후라 자동차에 있는 휴지와 도로변의 빗물로 해결하고 다시 달리면서 곰곰이 생각해보았다. 나는 편협된 내 중심의 생각들로 얼마나 많은 착각 속에 살고 있는가? 그저 이렇게 웃어넘길 일들만이 아니라 내 중심적인 사고로 주위 사람들을 오해하여 미워하지는 않았는지? 또 뭔가 좀 되는 것이 내가 잘해서 된 것이라고 우쭐대지는 않았는지?

밖에서 나는 냄새보다 더 더러운 냄새가 내 안에 가득한데 우선 눈에 보이는 부분만 씻고 닦고 하지는 않은지?

친구들을 만나서 얼굴 보며 이야기 할 때 잠시 잊었던 생각이 다시 그 길을 돌아오는 동안 나를 사로잡았다. 그리고 이 글을 쓰기까지 이르렀다. 내 삶속에 착각의 덫을 온전히 제거하고 보다 포용력 있게 아우르는 삶을 살날이 언제쯤에나 이를까? 비록 더디다 할지라도 그날을 위하여 애써보리라. 늙었다는 생각을 버리고.

토씨 하나의 차이

우리나라 속담에 "말 한마디로 천 냥 빚 갚는다."는 말이 있다. 이 말은 같은 뜻을 가진 말이라도 상대방의 마음을 살 수 있는 아름다운 말을 한다면 빚쟁이도 감동 받아 빚을 탕감해줄 수 있다는 말로 여겨진다.

지난해 이맘때 반 강제로 군산시여교역자 대표회장을 맡게 되었다. 어쩔 수 없이 본 교회에서 예배를 하게 되어 설교를 마치고 내려오는데 십여 년 전 우리교회에 전도사로 있었던 목사가 "설교는 잘해."라고 서슴없이 말했다. 순간 많은 회원들에게 뭔가 나의 모자람을 공개하는 것 같은 생각이 들어 불쾌했으나 '그래, 내가 못하는 것이 많다는 것을 아는 사람이니까 그러겠지'하고 웃어넘겼다. 그런데 이제 가까스로 1년을 채웠으니 마지막으로 회원들을 한번 대접해주고 대표회장 직을 내놓으려고 우리 교회에서 총회를 하기로 했다.

회원들이 모이고 막 예배가 시작될 무렵 예의 그 젊은 목사가 층마다 햇볕을 향하여 베란다에 진열된 다육이 들을 보더니 "꽃은 잘 키워, 어떻게 저렇게 키운대"하는 것이 아닌가? 그 말을 듣는 순간 잊고 살았던 지난해 그가 했던 말이 뇌리에 떠올랐다. 작년에는 '설교는 잘해'라고 하더니 이제 '꽃은 잘 키워?' 경어를 쓰지 않는 것 때문이 아니라 무엇으로 보나 그렇게 말하면 안 될 사람이다. 나이를 보아도 십 년 이상 차이가 있고 목회 서열을 보아도 까마득한 후배며 내가 자기를 필요해서 청빙했던 전도사가 아니라 전주 어느 기도원에 부흥집회를 인도할 때 "목사님 말씀이 너무 좋아요 저 목사님 교회 가서 배우고 싶은데 받아 주세요."하며 스로로 온 사람이었다. 그리고 1년을 '전도사'라는 직책을 가지고 있었으나 난 내가 전도사 생활을 하도 혹독하게 해서 누구든 우리교회 전도사는 푸리하게 알아서 하도록 했지 시시콜콜 간섭하지 않았다. 그런데 그가 나에게 무슨 악감정이 있어서 끝까지 이렇게 후배들 앞에서 반말로 날 우습게 만드는지 마음이 많이 상했다.

그 후 며칠이 지나도록 그가 우리 교회에서 했던 일들을 생각해봐도 특별한 것이 없었던 것 같고 또 내가 혹시 무엇을 그에게 섭섭하게 했는지 곰곰이 생각해봐도 기억되는 것이 없어서, 나 자신의 모자람을 깊이 검색해보는 기회가 되었다.

난 참 부족함이 많은 목사다. 그가 볼 때 제일 부족하게 보이는 것은 아마도 성도들을 잘 관리하지 못해서 빼앗긴다는 점일 것 같다. 자신은 한 사람도 데리고 나가지 않았는데 자기가 나간 후에 다른 전도사가 와서 성도들을 빼내다 개척했기에 거기에 대한 불만이 있을 것 같다는 생각이 들었다. 그렇다고 말을 그렇게 한다는 것은 자기 인격의 모자람을 보이는 것이 아닌가? 나도 덜렁거리는 성격이라 말을 곱게 하는 편이 못된다. 그저 생각대로 여과 없이 할 때가 많은데 다시 한 번 내가 하는 말에 대하여 생각해보고 다듬는 습관을 길러야 할 것 같아 오히려 이 기회를 준 그에게 감사하게 생각하기로 했다.

그리고 일주일 쯤 후 오후 예배를 마치고 권사님과 새로 오신 성도님과 함께 이야기를 하는 중에 권사님께서 내가 쓴 책을 선물 해 드렸으면 좋겠다고 하기에 책을 몇 권 드렸는데 그분이 "어머, 시를 쓰시는 분이시니 말이 순화되어 고우시겠네요."하는데 난 산골에서 자유 분망하게 자란 탓인지 남의 감정 깊이 생각하고 말하는 좋은 습관이 길들여지지 않은 사람이라는 것을 내가 알기에 그분께 "그렇지 못해요. 말을 아름답게 하지 못하고 생각을 여과 없이 말하는 못된 습관이 있답니다."하고 이야기 하다가 나처럼 덜렁대는 어떤 분이 '설교는 잘해' '꽃은 잘 키워'라고 말하는데 그분의 말이 바로 사려 깊지 못한 내 말 같아서 기분이 언짢았다는 말을 하자 그분이 웃으시며 "어머 그분이 '는'과 '은'을 잘 못쓰셨네요. '는'과 '은'을 '도'로 바꾸어 하셨으면 좋았을 텐데."라고 했다. 그랬다. '설교는 잘해.'가 아니라 '설교도 잘해.' '꽃은 잘 키워.'가 아니라 '꽃도 잘 키워.'라고 했다면 반말을 했더라도 기분이 좋았을 것 같았다. 그러고 보니 '는'과 '은'은 상대의 모자람을 지적하는 말이고 '도'는 다 잘하는데 이것도 잘한다는 칭찬의 말이었다. 글자 한자의 차이로 이렇게 말의 의미가 달라진다.

흔히들 '님'자에 점하나만 찍으면 '남'이 된다고들 하는데 정말 점 하나, 글자 한자가 얼마나 소중한가를 다시 한 번 생각해보는 계기가 된 것 같다.

그의 덜렁거리는 성격으로 보아 이런 말의 깊이를 생각하지 않고 그저 나오는 대로 말했으리라. 정도의 차이는 있겠지만 나도 사려깊이 생각하고 말하는 사람이 아니었으니 내가 지금껏 했던 말들로 상처 받은 사람들이 얼마나 많을까?

새로 오신 성도님은 모태신앙으로 서울에서도 지성 있는 법조계 재벌의 가정에서 태어나 곱게 자랐으며 최고의 S대를 졸업하고 유학까지 하셨다는 이야기를 들었는데 부족함 많은 나에게 쉬이 실망할까 두렵기도 하지만 '는'과 '은', '도'의 차이점을 정확히 정립해준 고마움에 보답하는 마음으로라도 하나님의 말씀을 바로 증거하리라는 마음을 다시 한 번 다짐해본다.

손녀의 시

봄 감기가 무섭다. 몇 년간 봄만 되면 감기에 걸려 근 한 달간을 앓곤 하는데 금년에는 더 혹독하여 목이 꽉 잠기고 혀가 다 말랐다. 음식 맛이 짠지 싱거운지 분별할 수도 없고, 온 몸에 힘이 없어 사는 것 자체가 귀찮게 느껴졌다. 일어나도 누워도 아픔뿐이라 고통스러워 하고 있으니, 딸이 제 동생에게 전화를 했는지 바쁘게 사역하는 아들 내외와 손자손녀들이 왔다.

유난히 세상에서 할머니가 제일 좋다는 열 한 살짜리 큰손녀가 "할머니 많이 아파요?"하면서 눈물을 글썽거렸다. 괜찮다는 내 말을 듣고도 시무룩하게 있다가 돌아갔는데 가서는 이런 시를 써서 카톡으로 보냈다.

나의 사랑 할머니

이 예 린

사랑하는 나의 할머니
사랑하는 나의 할머니

울지 마요 푸른 하늘 같은 그 마음
눈물로 먹구름 만들지 마요

곱고 예쁜 선녀도 탐낼만한
예쁜 목소리를 가졌잖아요

할머니의 그 자장가가
스르르 잠이 들게 만들어요

사랑해요 나의 할머니

– 나의 사랑 할머니에게 손녀가.

어린 손녀의 이 시 한 편이 나를 일으켰다. 이 아이가 할머니 잃은 슬픔을 감당할 수 있을 나이가 될 때까지 살아야하겠다는 생각이 들어 아픔이 아닌 가슴 벅찬 감동의 눈물이 흘렀다.

내가 언제 자식 못 낳아 눈물 흘렸던가? 내가 언제 석녀라고 쫓겨났던가? 내가 언제 이렇게 걱정해주는 손녀손자를 가졌는가? 난 또 한 번 울지 말라는 손녀의 바램을 이루어주지 못하고 울 수밖에 없었다. 그러나 그 눈물이 나를 일으키는 가장 좋은 약이 되어 새 힘을 얻었다.

이 아이는 마음이 유난히 곱고 정직해서 더 사랑 받는다. 저도 응석부릴 나이임에도 요즘 다른 아이들처럼 외동이나 동생이 하나 있는 것도 아니고 가운데 끼어서 사랑받지 못할까봐 실세에 붙어 아빠를 자기 것이라고 공포한 여동생과 천방지축 말썽꾸러기 막내 남자동생을 아우르며 사랑으로 잘 다스려 아빠엄마가 주의 일 하는데 큰 힘이 돼주고 교회에서도 장녀의 역할을 잘 해간단다.

지난해 여름에는 할머니 따라서 교회 주일학교 아이들 연합수련회를 하는 계곡에 갔다. 목사님들과 이야기하시는 할머니 곁에서 같이 계곡에 발 담그고 목사님들의 이야기를 듣고 있더니 갑자기 "할머니 시가 생각났어요. 그런데 적을 수가 없어요. 할머니 핸드폰 좀 주세요."했다. 얼떨결에 폰을 주자 불과 2~3분 만에 "썼어요."하며 폰을 돌려주기에 보다가 깜짝 놀랐다.

흐른다 통한다

이 예 린

흐른다
물결이 흐른다

통한다
마음이 통한다

너랑 나랑
물결이 흐르는 것처럼
마음이 통하는 것처럼

같은 물에
발 담갔을 뿐인데,

같이 물에 발 담그고 이야기하던 목사님들이 읽어보고 박수를 치며 칭찬하더니 할머니를 닮아 시를 잘 쓴다고들 했지만 난 이 아이처럼 즉석에서 이렇게 시를 쓸 수 없다. 시 쓰는 것이 노동보다 어려운데도 가슴속에 꿈틀거려 긁적거려 놓고 보면 마음에 안 들어 수십 번 고치고 또 고쳐도 늘 불만스러운데 예린이는 불과 몇 분 만에 쓴 시인데도 퇴고할 점이 없이 완벽에 가까워 보여 도저히 열 한 살짜리 어린애가 즉흥적으로 쓴 시라는 생각이 들지 않았다.

그러나 이런 것을 설명할 수는 없고 그저 "나는 저 나이에 세상에 시가 있는지도 몰랐습니다."하고 웃었더니 "손녀딸 칭찬도 시적으로 하시네요."하여 또 한 번 웃었다.

예린이가 감정 상함 없이 시심을 잘 살려가며 성장해 가도록기도 하리라.

딸아이가 초등학교 때 동시로 대상을 받은 적이 있었는데 담임선생님이 잘 가르치고 싶었던지 졸업하기 전에 시집을 내주겠다고 날마다 시를 쓰라고 재촉했다. 그래서 딸아이가 시에 많은 부담감을 가지고 다시는 시를 쓰지 않게 돼버렸던 기억이 있기 때문에 예린이가 시심에 상처 받지 않도록 기도해야할 기도 제목이 하나 더 추가되었다.

늙어간다는 것

요즘 들어 자꾸 눈물이 난다. 컴퓨터 앞에 앉아서 글을 쓰다가도, 책을 읽다가도, 거실에 앉아 앞동산에 하얗게 핀 벚꽃을 보다가도 원인 모를 눈물이 주르르 흐른다. 슬픈 일이 있는 것도 아니고 괴로움이 있는 것도 아닌데 왜 이럴까? 조금 이러다 말겠지 생각했다. 그런데 앞동산의 벚꽃이 지고 연록이 초록으로 바뀌어 가는데도 내 마음은 여전히 쓸쓸한 가을이다.

늙어간다는 것의 허무가 이런 것인가? 아침이면 품으로 파고들며 "할머니가 좋아"라고 애교부리는 손자손녀가 있고, 아직은 어디를 가나 내가 가는 곳에 내가 해야 할 일이 있으며, 또 일이 없으면 만들어서라도 하는 활동적인 성격이라 나의 이런 눈물은 아무도 모른다.

자녀들에게는 가정을 이끌어온 강한 엄마고 교회에서는 또 교회를 이끌어가는 강한 목사며 그 어떤 모임에서든 나는 연약한 존재로 보이지 않을 것이다.

누군가에게 나의 이런 상태를 이야기를 한다면 아마 혼자된 사람이라 외로움을 탄다고 말할 것이다. 사십년 이상 함께해온 남편이 갑자기 떠났으니 애석함이 없다면 거짓말일 것이다. 그러나 남편이 있으나 없으나 인생은 결국 혼자다. 그런 것을 모르는 것도 아니고 남편이 있을 때도 난 남편을 의지하기 보다는 늘 혼자였다. 그런데 칠십 고개를 넘어 몸과 마음이 따로 놀기 시작하자 이렇게 홀로 있을 때면 특별한 이유 없이 흐르는 눈물의 의미를 모르겠다.

요즘 SNS에 떠도는 글 중에 '노인'과 '어르신'에 대한 이야기가 있다.

노인은 늙은 사람으로 대가 없이 받는 것을 좋아하며, 매사를 자기 기준에 맞추려하고, 배울 것이 없다 생각하여 젊은이들의 일을 간섭하고, 고집을 부리며, 몸과 마음이 세월가면 늙는 것이라고 포기하여 고독하고 외로움을 많이 타는 사람이란다.

그러나 어르신은 존경 받는 사람으로 베풀어주기를 좋아하고 매사에 젊은이들의 말을 경청하여 이해와 아량을 베풀고 늘 배우기를 좋아하며 경험에 의존하여 고집 부리지 않고 겸손하여 느긋하게 살면서 다른 사람에게 유익을 주기 위하여 부지런히 일하는 사람이라는 것이다.

그러므로 노인의 삶은 상실의 삶이며 게으른 자의 이름이지만 어르신의 삶은 존경받는 자의 삶이며 부지런한자의 애칭이란다.

그렇다면 요즘 내가 흘리는 눈물의 의미는 무엇일까? 존경받지 못할 늙은이가 되어간다는 것일까? 퇴임 전부터 이렇다면 퇴임 후의 남은 삶을 어떻게 살아야 할지 가불걱정까지 하는 요즘의 삶이 나를 많이 생각하게 한다.

내 주위 사람들에게 아직 건강하고 능력이 있는데 왜 일찍 퇴임을 하려하느냐고 총회 법대로 아직 몇 년 더 하라는 충고를 듣는다. 그러나 나이 들자 매사에 열정이 식기도 했거니와, 교회에 젊은 피가 필요하다는 것을 느끼게 된다. 진취적이지 못한 목사 때문에 혹시라도 성도들을 영적으로 깨우지 못할까봐 두렵기도 하고 내려올 때를 아는 사람이 되고 싶다.

이런 나에게 며칠 전 죽마고우들이 찾아왔다. 칠십 고개를 넘어버린 머리 허연 영감 셋이서 찾아와 하루를 같이 보냈는데 그 시간이 그렇게 즐거울 줄 생각도 못했었다. 누군가 늙으면 추억으로 산다고 했는데 정말 그런가?

무진장 산골로 유명한 장수골짝, 그 곳에서도 '범덕골'이라는 산토끼 발맞추는 곳에서 유년기를 같이 보낸 친구들, 그들은 내가 기억하지 못한 것들을 꺼내서 이야기하여 새롭고 또 그들이 기억하지 못한 것들이 내 기억에 있어서 그들의 기억을 일깨워 웃으며 깔깔거렸다. 나이 칠십이 넘었으니 박사학위를 몇 개씩 가지고 있는 친구도, 시골 면서기를 했던 친구도, 고위직 공무원이었던 친구도, 목사가 된 나도 아무런 스스럼이 없다.

그저 과수원에 들어가 과일서리를 했던 이야기, 남의 집 닭서리하던 이야기, 산토끼 잡아다가 두 마리는 팔아서 소주 사고 한 마리에 무를 몽땅 집어넣고 끓여먹던 이야기, 동네 누구네 김치가 맛있는지 훔쳐다 먹어보아 거의 안다는 이야기, 아주 어렸을 때 돼지잡기 놀이를 한다고 피부가 깨끗한 여자 애를 홀랑 벗겨놓고 손바닥을 펴서 칼이라며 배를 가르는 흉내를 내면서 간은 어떻고 오줌보는 어떻고 했던 이야기, 개화의 바람이 불어 닥친 반세기전 동네 어른들 몰래 떼로 몰려 '재쟁이골' 이라는 움푹 파인 산골짝 넓은 묘지에 모여 춤추며 노래하고 놀던 이야기들로 시간 가는 줄 몰랐다.

모이면 이렇게 재미있는데 그동안은 모두 열심히 가정을 지키며 자녀들 교육시키고 사는데 바빠, 소식도 모르고 살다가 늙어서 직장들 놓고 나니 시간도 나고 경제적이 여유도 있는 것 같아 그나마 다행이긴 한데, 벌써 즐거워하며 돼지가 됐던 여자애와 몇 친구들은 세상을 떠났다. 우리도 이제 얼마나 세상에 더 있을지 누가 먼저 갈지는 아무도 모르는 것이니 다른 친구들에게도 연락해서 일 년에 한 번씩은 만나자고 하고 헤어졌다. 그리고 그 만날 날을 기대하게 되었다.

그래, 이렇게 사는 거야, 흉허물 없는 친구들도 만나고 자꾸만 좁아지는 마음을 한 폭 더 늘려 여유를 갖자. 욕심과 근심 걱정을 버리자. 그리고 현실에 안주 하지 말고 새로운 것들에 도전하며 살자. 나무가 썩어야 흙이 되듯 늙은이의 못된 아집을 버려 대우받기보다는 섬기며 살자,

어차피 세상 삶은 하찮은 것이다. 앞으로 백년을 더 산다 해도 결

국은 허무라는 것을 아는 이상 이 세상에 잠시 더 머무는 동안 영원한 삶을 위한 위해서라도 지금까지 믿음 없는 친구들과의 관계에 소홀했던 마음을 바꾸자. 그리하여 한 친구에게라도 더 주님의 향기를 느끼게 하자. 누가 아는가? 나를 오픈하여 한 영혼이라도 건질 수 있을는지. 새벽별이 떠오른다. 기도로 하루를 시작하는 이 한 날이 아름답기를 기도하며 눈을 닦는다.

떠난다는 것

모처럼 아들과 오붓한 시간을 가졌다. 멀리 떨어져 살기도 하지만 각각 사역이 바쁘니 같이할 시간이 없었는데 마침 전북대학교에 설교하러 오려고 빠른 열차를 타고 익산 역으로 온다고 해서 마중 갔다가 이왕에 익산에서 내리면 명절도 돌아오고 하니 종중 납골당에 안치된 아버지 유골이라도 보자고 해서 차키를 아들에게 맡기고 옆자리 앉아 그동안 쌓인 이야기를 도란도란 나누며 갔다.

종중에서 벌초를 했음에도 풀이 무성한 좁은 길을 가까스로 올라가 도착한 곳에는 고요만 깔려있고 아들이나 나나 한 줌의 재를 보려 간 것이 아님에도 무언의 눈빛으로 무거운 돌문을 열고 납골당안의 항아리에 시선이 고정되었다.

허무, 그 자체가 그곳에 있었다. 엊그제까지 같이 있었던 것 같은데, 한 줌의 재가 된 지 벌써 삼년의 세월이 흘렀다. 그렇게도 아프던 가슴에 점점 면역력이 생겼는지 아들도 나도 눈물을 흘리지는 않았다. 아니 어쩌면 우리에게 천국의 소망이 있기에 견뎌온 인내의 소산인지도 모를 일이다.

그러나 사랑하는 사람과의 이별은 아픔이다. 상대가 나를 두고 떠난 슬픔은 오로지 남은 자의 몫이다. 문득 세상에서 나를 가장 사랑하는 사람, 나를 위해 죽어줄 수 있는 사람이 나에게 없다는 생각이 들었다. 날 자신의 목숨보다 더 사랑하셨던 부모님이 모두 떠나셨고, 세상에 여자는 나 하나밖에 없는 것처럼 나를 사랑했던 남편도 떠났다. 그런 생각이 들자 순간적으로 세상이 온통 빈 것 같은 생각이 들었다. 이제 겪게 된 일도 아니고 나이 칠십이 넘어 내가 그분들께 점점 다가가는데 '무슨 엉뚱한 생각을 하고 있느냐'고 혼자 반문하다가 아들을 쳐다보니 아들의 얼굴에도 아빠에 대한 생각에 만감이 교차하는 듯한 표정이 있다. 그래서 사랑스런 손자손녀들 이야기로 화재를 돌려 웃으며 내려와 전북대로 향했다.

미리 기다리고 계시는 십여 명의 교수님들과 인사를 나누고 융숭한 식사대접을 받은 후 시간이 되자 개학과 함께 시작되는 기독교 대학생들의 첫 예배에서 아들이 "그리스도인의 격"이라는 제목으로 설교를 하는데 깜짝 놀랐다. "우리나라 최연소 코스탁 강사"니 "코스탁 강사 중에 가장 인기 많은 강사"니 하는 소리를 들었으나 그저나 듣기 좋으라고 하는 말인 줄 알았는데 그 이야기들이 그저 하는 말이 아니라는 것을 실감했다. 약 200여명의 학생들과 교수들을 하나님 말씀으로 장악하게하고 웃겼다 울렸다 하며 그리스도인의 격이 어때야 하는지를 설교하는데 두 시간 가까이 요동하는 사람 하나 없고 곁에 계신 교수님들이 계속 눈물을 닦아내는 모습이 아름다워 내 눈물은 량이 더해졌다.

축도까지 모두 마치고 나오는데 교수들과 학생들이 줄줄이 서서 아들의 손을 잡고 다시 와줄 것을 종용하는 것을 보니 이는 분명 내 아들이 하는 설교가 아니라 성령님께서 이 아들을 쓰신다는 사실을 확인하고 마음 깊이 교만해지지 않고 지금처럼 겸손하게 쓰임 받을 수 있기를 간절히 기도하는 심정이다.

어제는 증경 노회장이 노회 원들의 단체 카톡에 "문제를 바라보는 시선"이라는 제목으로 써서 기독교 연합신문에 실린 아들의 글을 사진 찍어서 '우리노회 목사님 글이 신문에 났다'고 자랑스럽게 올려놓았다. 가끔 위기청소년 사역을 위한 글이 각 기독교신문에 실리는데 정작 본인은 내게 말하지 않고 나도 신문을 통하여 아들의 글을 대한다.

한 세대는 가고 또 한 세대가 온다. 나는 아들처럼 크게, 넓게, 높게 사용되지 못했으나 내가 쓰임 받았던 시대에서 나름대로 앞장선 여자 목사로 살았다. 그러나 이제 내 아들은 하나님께서 한 세대를 주름잡고 쓰시는 귀한 지체로 활용해 주시기를 간절히 바라는 마음으로 기도한다. 훗날 내가 떠나고 나면 내 자녀들은 이 어미를 어떻게 기억할까? 주님일 한다고 어린 자기들에게 많은 관심 기울여주지 못한 데 대한 원망 섞인 기억이나 없는지?

난 또 하나의 이별을 준비해야한다. 나를 두고 떠난 사람과의 이별이 아직 가슴을 아리게 하는데 이젠 내가 두고 떠나야하는 이별을 해야 한다는 생각에 더욱 가슴이 멍멍하다. 18년이라는 기간 동안 심혈을 기우려 아끼며 가꾸어오던 교회와의 이별, 정든 성도들과의 이별을 준비해야 한다. 주변사람들과 노회 원들까지 총회 법 운운하며 퇴임하지 말라고 하지만 물러날 때를 아는 사람이 지혜로운 사람이라 생각한다. 내가 퇴임하지 않는다고 누가 뭐라 할 사람은 없다 그러나 이 교회에 보다 체계적으로 교회를 이끌어갈 젊은 피가 필요하다는 생각이다.

이제 머지않아 이 정든 교회와 성도들을 이별해야 할 것이다. 이곳에 개척의 눈물이 흘렀고 남편을 보낸 눈물이 흘렀다. 그리고 그런 추억들이 모두 이곳에 있다. 그래도 떠나야한다. 형제 없이 외롭게 자라온 나는 유난히 정을 끊지 못해 고통스러울 때가 많다. 그러나 성도들 앞에서는 아무렇지도 않은 듯 언제라도 떠날 자세가 돼 있는 듯 행동한다.

이런 나를 보고 매정하다고 하는 사람도 있을 것이다. 그러나 속으로 운다. 베란다에서 바라다보는 앞산에게도 내년에는 볼 수 없을 수도 있을 것이라고 안녕을 고하고 옥상에서 보는 모든 정경에게도 다음해 이 관경은 볼 수 없을 수 있다는 생각에 잘 있으라는 인사를 마음으로 보낸다.

이별의 아픔을 덜어보려고 미리 준비하는 내 마음을 내 주님은 아실 것이다. 그리고 나 자신보다 나를 더 잘 아시는 주님께서 이끌어 가실 것을 확실히 믿는다.

국립중앙도서관 출판예정도서목록(CIP)

이 도서의 국립중앙도서관 출판예정도서목록(CIP)은 서지정보유통지원시스템 홈페이지(http://seoji.nl.go.kr)와 국가자료공동목록시스템(http://www.nl.go.kr/kolisnet)에서 이용하실 수 있습니다.

(CIP제어번호 : CIP2019000304)

정명희 수필집

오래 남을 감동

초판인쇄일 2019년 1월 10일
초판발행일 2019년 1월 15일

지은이 : 정명희
발행인 : 김순진
편집장 : 전하라
디자인 : 김초롱
펴낸곳 : 문학공원
등 록 : 2004년 3월 9일 제6-706호
주 소 : 우편번호 03382 서울 은평구 통일로 633
녹번오피스텔 501호 스토리문학사
전 화 : 02-2234-1666
팩 스 : 02-2236-1666
홈페이지 : http://cafe.daum.net/yob51
이메일 : 4615562@hanmail.net